"十四五"职业教育国家规划教材

城市轨道交通联锁系统维护
（第2版）
（实施与评价手册）

主　编　喻喜平　雷锡绒
副主编　李　伟　杨　进　李　波　高嵘华
主　审　朱东飞

姓　名：＿＿＿＿＿＿＿＿＿＿＿＿＿＿＿
班　级：＿＿＿＿＿＿＿＿＿＿＿＿＿＿＿
团　队：＿＿＿＿＿＿＿＿＿＿＿＿＿＿＿

电子工业出版社

Publishing House of Electronics Industry
北京·BEIJING

内 容 简 介

本书分为两册，一册为教材，一册为实施与评价手册。教材系统地介绍了城市轨道交通车辆段或停车场/正线联锁系统的工作原理及设备维护，主要内容包括城市轨道交通车辆段或停车场/正线联锁的基本知识、城市轨道交通车辆段或停车场所用的6502电气集中系统或计算机联锁系统的工作原理及设备维护、城市轨道交通正线CBTC系统下的计算机联锁设备的工作原理及维护；实施与评价手册为学材，供开展实践项目教学时使用。

本书主要作为高等职业院校城市轨道交通通信信号技术专业教材，也可作为铁道信号自动控制专业教材，还可作为成人继续教育、现场工程技术人员、轨道交通信号设备维护及施工人员的培训教材或参考资料。

未经许可，不得以任何方式复制或抄袭本书之部分或全部内容。

版权所有，侵权必究。

图书在版编目（CIP）数据

城市轨道交通联锁系统维护. 实施与评价手册 / 喻喜平，雷锡绒主编. —2版. —北京：电子工业出版社，2024.1

ISBN 978-7-121-46857-5

Ⅰ. ①城… Ⅱ. ①喻… ②雷… Ⅲ. ①城市铁路—轨道交通—联锁设备—维修 Ⅳ. ①U239.5

中国国家版本馆CIP数据核字（2024）第007692号

责任编辑：郭乃明　　特约编辑：田学清
印　　刷：三河市良远印务有限公司
装　　订：三河市良远印务有限公司
出版发行：电子工业出版社
　　　　　北京市海淀区万寿路173信箱　邮编　100036
开　　本：787×1 092　1/16　印张：34　字数：870.4千字　插页：2
版　　次：2017年8月第1版
　　　　　2024年1月第2版
印　　次：2024年12月第3次印刷
定　　价：65.00元（共2册）

凡所购买电子工业出版社图书有缺损问题，请向购买书店调换。若书店售缺，请与本社发行部联系，联系及邮购电话：（010）88254888，88258888。

质量投诉请发邮件至zlts@phei.com.cn，盗版侵权举报请发邮件至dbqq@phei.com.cn。
本书咨询联系方式：（010）88254561，guonm@phei.com.cn。

目 录

项目一 城市轨道交通联锁系统基本认知—活页工单 ·········· 1
 任务一 接车进路联锁图表识读 ·········· 1
 任务二 发车进路联锁图表识读 ·········· 3
 任务三 调车进路联锁图表识读 ·········· 5

项目二 继电集中联锁系统维护—活页工单 ·········· 9
 任务一 列车基本进路及变通进路办理 ·········· 9
 任务二 调车基本进路及变通进路办理 ·········· 11
 任务三 6502 电气集中系统故障处理（一） ·········· 13
 任务四 6502 电气集中系统故障处理（二） ·········· 15
 任务五 6502 电气集中系统故障处理（三） ·········· 17

项目三 城市轨道交通车辆段计算机联锁系统维护—活页工单 ·········· 21
 任务一 DS6-K5B 型计算机联系统认知 ·········· 21
 任务二 DS6-K5B 型计算机联锁系统开、关机操作 ·········· 23
 任务三 中心 ATS 工作站菜单类操作 ·········· 27
 任务四 车站 ATS 工作站菜单类操作 ·········· 29
 任务五 科安达-提芬巴赫 TAZ II 计轴系统复位操作 ·········· 31
 任务六 DS6-K5B 型计算机联锁系统道岔采集电路测试 ·········· 33
 任务七 DS6-K5B 型计算机联锁系统道岔驱动电路测试 ·········· 35
 任务八 DS6-K5B 型计算机联锁系统信号机采集电路测试 ·········· 37
 任务九 DS6-K5B 型计算机联锁系统信号机驱动电路测试 ·········· 41
 任务十 DS6-K5B 型计算机联锁系统轨道区段采集电路测试 ·········· 43
 任务十一 ZD6 型道岔集中检修 ·········· 45
 任务十二 S700K 型道岔集中检修 ·········· 47
 任务十三 ZYJ7 型道岔集中检修 ·········· 49
 任务十四 ZDJ9 型道岔集中检修 ·········· 51
 任务十五 ZDJ9 型道岔电气特性测试 ·········· 55
 任务十六 50Hz 微电子相敏轨道电路集中检修 ·········· 59
 任务十七 50Hz 微电子相敏轨道电路电气特性测试 ·········· 63
 任务十八 科安达-提芬巴赫 TAZ II 计轴系统集中检修 ·········· 67

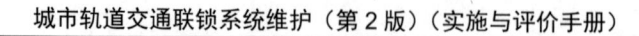

任务十九　科安达-提芬巴赫 TAZ II 计轴系统电气特性测试 ··71

任务二十　透镜式色灯信号机集中检修 ··75

任务二十一　LED 色灯信号机电气特性测试 ···77

任务二十二　DS6-K5B 型计算机联锁系统 计算机房设备集中检修 ······································81

任务二十三　DS6-K5B 型计算机联锁系统继电器室设备集中检修 ··85

任务二十四　DS6-K5B 型计算机联锁系统故障处理（一）··87

任务二十五　DS6-K5B 型计算机联锁系统故障处理（二）··89

任务二十六　DS6-K5B 型计算机联锁系统故障处理（三）··91

任务二十七　DS6-K5B 型计算机联锁系统故障处理（四）··93

任务二十八　DS6-K5B 型计算机联锁系统故障处理（五）··95

任务二十九　DS6-K5B 型计算机联锁系统故障处理（六）··97

项目一 城市轨道交通联锁系统基本认知—活页工单

任务一 接车进路联锁图表识读

1. 接车进路联锁图表识读作业表如表 1-1 所示。

表 1-1 接车进路联锁图表识读作业表

姓名		班级		学号		组别	
在正确识读 X_D—5G 接车进路联锁表中各栏内容的基础上,认真填写 S—5G 接车进路联锁表中各栏内容							
作业项目（联锁表各栏）		作业结果（填写 S—5G 接车进路联锁表中各栏内容）					
进路号码（自定）							
方向							
进路							
进路方式							
排列进路按下按钮							
确定运行方向道岔							
信号机	名称						
	显示						
道岔							
敌对信号							
轨道区段							
迎面进路							
其他联锁							
结论							
建议处理意见							

2. 接车进路联锁图表识读评价表如表 1-2 所示。

表 1-2 接车进路联锁图表识读评价表

<table>
<tr><td rowspan="2">基本信息</td><td>姓名</td><td></td><td>学号</td><td colspan="2"></td><td>班级</td><td></td><td>组别</td><td></td></tr>
<tr><td>规定时间</td><td></td><td>完成时间</td><td colspan="2"></td><td>考核日期</td><td></td><td>总评成绩</td><td></td></tr>
<tr><td rowspan="13">考核内容</td><td rowspan="2">序号</td><td colspan="2" rowspan="2">步骤</td><td colspan="2">完成情况</td><td rowspan="2" colspan="2">标准分</td><td rowspan="2" colspan="2">评分</td></tr>
<tr><td>完成</td><td>未完成</td></tr>
<tr><td>1</td><td>进路号码</td><td>按全站列车进路和调车进路顺序编号</td><td></td><td></td><td colspan="2">5</td><td colspan="2"></td></tr>
<tr><td>2</td><td>方向</td><td rowspan="2">S—5G 接车进路</td><td rowspan="2"></td><td rowspan="2"></td><td colspan="2" rowspan="2">10</td><td colspan="2" rowspan="2"></td></tr>
<tr><td>3</td><td>进路</td></tr>
<tr><td>4</td><td>进路方式</td><td>1，基本进路；2，变通进路</td><td></td><td></td><td colspan="2">5</td><td colspan="2"></td></tr>
<tr><td>5</td><td>排列进路按下按钮</td><td>排列该进路时需按下的按钮名称</td><td></td><td></td><td colspan="2">10</td><td colspan="2"></td></tr>
<tr><td>6</td><td>确定运行方向道岔</td><td>当有两种以上方式运行时，为了区别开通的进路，填写关键对向道岔的位置</td><td></td><td></td><td colspan="2">5</td><td colspan="2"></td></tr>
<tr><td>7</td><td>信号机</td><td>填写排列该进路时开放的信号机名称及其显示</td><td></td><td></td><td colspan="2">5</td><td colspan="2"></td></tr>
<tr><td>8</td><td>道岔</td><td>顺序填写进路中所包括的全部道岔及防护和带动道岔的编号与位置</td><td></td><td></td><td colspan="2">10</td><td colspan="2"></td></tr>
<tr><td>9</td><td>敌对信号</td><td>填写排列该进路的全部敌对信号</td><td></td><td></td><td colspan="2">10</td><td colspan="2"></td></tr>
<tr><td>10</td><td>轨道区段</td><td>顺序填写排列进路时需检查空闲的轨道电路区段名称</td><td></td><td></td><td colspan="2">10</td><td colspan="2"></td></tr>
<tr><td>11</td><td>迎面进路</td><td>填写同一到发线上对向列车、调车进路的敌对关系，以线路区段名称表示</td><td></td><td></td><td colspan="2">5</td><td colspan="2"></td></tr>
<tr><td>12</td><td>其他联锁</td><td>非进路调车、得到同意、延续进路、闭塞等</td><td></td><td></td><td colspan="2">5</td><td colspan="2"></td></tr>
<tr><td>7S 管理</td><td colspan="3">整理、整顿、清扫、清洁、素养、安全、节约</td><td colspan="2"></td><td colspan="2">10</td><td colspan="2"></td></tr>
<tr><td colspan="4">团队协作</td><td colspan="2"></td><td colspan="2">5</td><td colspan="2"></td></tr>
<tr><td colspan="4">工单填写</td><td colspan="2"></td><td colspan="2">5</td><td colspan="2"></td></tr>
<tr><td colspan="2">教师评语</td><td colspan="8"></td></tr>
</table>

任务二　发车进路联锁图表识读

1. 发车进路联锁图表识读作业表如表 1-3 所示。

表 1-3　发车进路联锁图表识读作业表

姓名		班级		学号		组别	
在正确识读由 IG 向北京方面正方向发车进路联锁表中各栏内容的基础上，认真填写由 IIG 向天津方面正方向发车进路联锁表中各栏内容							
作业项目（联锁表各栏）		作业结果（填写由 IIG 向天津方面正方向发车进路联锁表中各栏内容）					
进路号码（自定）							
方向							
进路							
进路方式							
排列进路按下按钮							
确定运行方向道岔							
信号机	名称						
	显示						
道岔							
敌对信号							
轨道区段							
迎面进路							
其他联锁							
结论							
建议处理意见							

2．发车进路联锁图表识读评价表如表 1-4 所示。

表 1-4　发车进路联锁图表识读评价表

<table>
<tr><td rowspan="2">基本信息</td><td>姓名</td><td></td><td>学号</td><td></td><td>班级</td><td></td><td>组别</td><td></td></tr>
<tr><td>规定时间</td><td></td><td>完成时间</td><td></td><td>考核日期</td><td></td><td>总评成绩</td><td></td></tr>
<tr><td rowspan="15">考核内容</td><td rowspan="2">序号</td><td rowspan="2" colspan="2">步骤</td><td colspan="2">完成情况</td><td rowspan="2">标准分</td><td rowspan="2">评分</td></tr>
<tr><td>完成</td><td>未完成</td></tr>
<tr><td>1</td><td colspan="2">进路号码</td><td colspan="2">按全站列车进路和调车进路顺序编号</td><td>5</td><td></td></tr>
<tr><td>2</td><td colspan="2">方向</td><td rowspan="2" colspan="2">由 IIG 向天津方面正方向发车进路</td><td rowspan="2">10</td><td rowspan="2"></td></tr>
<tr><td>3</td><td colspan="2">进路</td></tr>
<tr><td>4</td><td colspan="2">进路方式</td><td colspan="2">1，基本进路；2，变通进路</td><td>5</td><td></td></tr>
<tr><td>5</td><td colspan="2">排列进路按下按钮</td><td colspan="2">排列该进路时需按下的按钮名称</td><td>5</td><td></td></tr>
<tr><td>6</td><td colspan="2">确定运行方向道岔</td><td colspan="2">当有两种以上方式运行时，为了区别开通的进路，填写关键对向道岔的位置</td><td>5</td><td></td></tr>
<tr><td>7</td><td colspan="2">信号机</td><td colspan="2">填写排列该进路时开放的信号机名称及其显示</td><td>5</td><td></td></tr>
<tr><td>8</td><td colspan="2">表示器</td><td colspan="2">进路表示器</td><td>5</td><td></td></tr>
<tr><td>9</td><td colspan="2">道岔</td><td colspan="2">顺序填写进路中所包括的全部道岔及防护和带动道岔的编号与位置</td><td>10</td><td></td></tr>
<tr><td>10</td><td colspan="2">敌对信号</td><td colspan="2">填写排列该进路的全部敌对信号</td><td>10</td><td></td></tr>
<tr><td>11</td><td colspan="2">轨道区段</td><td colspan="2">顺序填写排列进路时需检查空闲的轨道电路区段名称</td><td>10</td><td></td></tr>
<tr><td>12</td><td colspan="2">迎面进路</td><td colspan="2">填写同一到发线上对向列车、调车进路的敌对关系，以线路区段名称表示</td><td>5</td><td></td></tr>
<tr><td>13</td><td colspan="2">其他联锁</td><td colspan="2">非进路调车、得到同意、延续进路、闭塞等</td><td>5</td><td></td></tr>
<tr><td>7S 管理</td><td colspan="3">整理、整顿、清扫、清洁、素养、安全、节约</td><td colspan="3"></td><td>10</td><td></td></tr>
<tr><td colspan="4">团队协作</td><td colspan="3"></td><td>5</td><td></td></tr>
<tr><td colspan="4">工单填写</td><td colspan="3"></td><td>5</td><td></td></tr>
<tr><td>教师评语</td><td colspan="7"></td></tr>
</table>

任务三　调车进路联锁图表识读

1. 调车进路联锁图表识读作业表如表 1-5 所示。

表 1-5　调车进路联锁图表识读作业表

姓名		班级		学号		组别	
在正确识读下行咽喉 D_1—D_9 调车进路联锁表中各栏内容的基础上，认真填写上行咽喉 D_6—D_{12} 调车进路联锁表中各栏内容							
作业项目（联锁表各栏）			作业结果（填写上行咽喉 D_6—D_{12} 调车进路联锁表中各栏内容）				
进路号码（自定）							
方向							
进路							
进路方式							
排列进路按下按钮							
确定运行方向道岔							
信号机	名称						
	显示						
道岔							
敌对信号							
轨道区段							
迎面进路							
其他联锁							
结论							
建议处理意见							

2．调车进路联锁图表识读评价表如表 1-6 所示。

表 1-6　调车进路联锁图表识读评价表

<table>
<tr><td rowspan="2">基本信息</td><td>姓名</td><td></td><td>学号</td><td colspan="2"></td><td>班级</td><td></td><td>组别</td><td></td></tr>
<tr><td>规定时间</td><td></td><td>完成时间</td><td colspan="2"></td><td>考核日期</td><td></td><td>总评成绩</td><td></td></tr>
<tr><td rowspan="14">考核内容</td><td rowspan="2">序号</td><td rowspan="2" colspan="2">步骤</td><td colspan="2">完成情况</td><td rowspan="2" colspan="2">标准分</td><td rowspan="2" colspan="2">评分</td></tr>
<tr><td>完成</td><td>未完成</td></tr>
<tr><td>1</td><td colspan="2">进路号码</td><td colspan="2">按全站列车进路和调车进路顺序编号</td><td colspan="2">5</td><td colspan="2"></td></tr>
<tr><td>2</td><td colspan="2">方向</td><td colspan="2" rowspan="2">D_6—D_{12} 调车进路</td><td colspan="2" rowspan="2">10</td><td colspan="2" rowspan="2"></td></tr>
<tr><td>3</td><td colspan="2">进路</td></tr>
<tr><td>4</td><td colspan="2">进路方式</td><td colspan="2">1，基本进路；2，变通进路</td><td colspan="2">5</td><td colspan="2"></td></tr>
<tr><td>5</td><td colspan="2">排列进路按下按钮</td><td colspan="2">排列该进路时需按下的按钮名称</td><td colspan="2">5</td><td colspan="2"></td></tr>
<tr><td>6</td><td colspan="2">确定运行方向道岔</td><td colspan="2">当有两种以上方式运行时，为了区别开通的进路，填写关键对向道岔的位置</td><td colspan="2">5</td><td colspan="2"></td></tr>
<tr><td>7</td><td colspan="2">信号机</td><td colspan="2">填写排列该进路时开放的信号机名称及其显示</td><td colspan="2">5</td><td colspan="2"></td></tr>
<tr><td>8</td><td colspan="2">道岔</td><td colspan="2">顺序填写进路中所包括的全部道岔及防护和带动道岔的编号与位置</td><td colspan="2">10</td><td colspan="2"></td></tr>
<tr><td>9</td><td colspan="2">敌对信号</td><td colspan="2">填写排列该进路的全部敌对信号</td><td colspan="2">10</td><td colspan="2"></td></tr>
<tr><td>10</td><td colspan="2">轨道区段</td><td colspan="2">顺序填写排列进路时需检查空闲的轨道电路区段名称</td><td colspan="2">10</td><td colspan="2"></td></tr>
<tr><td>11</td><td colspan="2">迎面进路</td><td colspan="2">填写同一到发线上对向列车、调车进路的敌对关系，以线路区段名称表示</td><td colspan="2">10</td><td colspan="2"></td></tr>
<tr><td>12</td><td colspan="2">其他联锁</td><td colspan="2">非进路调车、得到同意、延续进路、闭塞等</td><td colspan="2">5</td><td colspan="2"></td></tr>
<tr><td>7S 管理</td><td colspan="4">整理、整顿、清扫、清洁、素养、安全、节约</td><td colspan="2"></td><td colspan="2">10</td><td colspan="2"></td></tr>
<tr><td colspan="5">团队协作</td><td colspan="2"></td><td colspan="2">5</td><td colspan="2"></td></tr>
<tr><td colspan="5">工单填写</td><td colspan="2"></td><td colspan="2">5</td><td colspan="2"></td></tr>
<tr><td colspan="10">教师评语</td></tr>
</table>

理论测试

1．填空题

（1）进路方式分别是_____和_____。

（2）进路表"道岔栏"顺序填写进路中所包括的全部道岔及_____和_____的编号与位置。

（3）进路表"信号机"栏填写排列该进路时开放的信号机_____及其_____。

2．选择题

（1）进路表"确定运行方向道岔栏"是指当有（　　）种以上方式运行时，为了区别开通的进路，填写关键对向道岔的位置。

　　A．1　　　　　B．2　　　　　C．3　　　　　D．4

（2）调车信号机开放后显示（　　）灯光。

　　A．红色　　　B．蓝色　　　C．绿色　　　D．白色

（3）防护道岔的表示方式为（　　）。

　　A．{ }　　　　B．[ ]　　　　C．( )　　　　D．< >

项目二　继电集中联锁系统维护—活页工单

任务一　列车基本进路及变通进路办理

1. 列车基本进路及变通进路办理作业表如表 2-1 所示。

表 2-1　列车基本进路及变通进路办理作业表

姓名		班级		学号		组别	
办理项目				按压按钮			
列车基本进路	X—IIIG 接车进路						
	IIG—北京方面发车进路（正方向）						
	X—IG 通过进路						
列车变通进路	X—IIIG 列车接车变通进路						
	IIG—北京方面正向发车（正方向）变通进路						
	IIIG—东郊方向列车变通进路						
结论							
建议意见							

2. 列车基本进路及变通进路办理评价表如表2-2所示。

表2-2 列车基本进路及变通进路办理评价表

基本信息	姓名		学号		班级		组别	
	规定时间		完成时间		考核日期		总评成绩	

考核内容	序号	步骤		完成情况		标准分	评分
				完成	未完成		
	1	作业前准备：登记联系				10	
	2	列车基本进路办理	确定进路始端			5	
	3		按压进路始端			5	
	4		确定进路终端			5	
	5		按压进路终端			5	
	6		信号开放			10	
	7	列车变通进路办理	确定进路始端			5	
	8		按压进路始端			5	
	9		确定进路变通按钮			5	
	10		按压进路变通按钮			5	
	11		确定进路终端			5	
	12		按压进路终端			5	
	13		信号开放			10	
	14	销记汇报	销记、汇报			5	
7S管理	整理、整顿、清扫、清洁、素养、安全、节约					10	
团队协作						5	
工单填写						5	
教师评语							

任务二　调车基本进路及变通进路办理

1. 调车基本进路及变通进路办理作业表如表 2-3 所示。

表 2-3　调车基本进路及变通进路办理作业表

姓名		班级		学号		组别	
办理项目				按压按钮			
调车基本进路	D_1—D_9 调车进路						
	D_1—D_{15} 调车进路						
	D_9—D_{13} 调车进路						
	D_4—D_2 调车进路						
	D_3—D_{13} 调车进路						
调车变通进路	D_1—$S_{II}D$ 调车变通进路						
	D_{11}—IIIG 调车变通进路						
	$S_{II}D$—D_1 调车变通进路						
	$S_{III}D$—D_{11} 调车变通进路						
	X_5D—D_2 调车变通进路						
结论							
建议意见							

2. 调车基本进路及变通进路办理评价表如表 2-4 所示。

表 2-4　调车基本进路及变通进路办理评价表

<table>
<tr><td rowspan="2">基本信息</td><td>姓名</td><td></td><td>学号</td><td></td><td>班级</td><td></td><td>组别</td><td></td></tr>
<tr><td>规定时间</td><td></td><td>完成时间</td><td></td><td>考核日期</td><td></td><td>总评成绩</td><td></td></tr>
<tr><td rowspan="16">考核内容</td><td rowspan="2">序号</td><td rowspan="2" colspan="2">步骤</td><td colspan="2">完成情况</td><td rowspan="2">标准分</td><td rowspan="2">评分</td></tr>
<tr><td>完成</td><td>未完成</td></tr>
<tr><td>1</td><td colspan="2">作业前准备：登记联系</td><td></td><td></td><td>10</td><td></td></tr>
<tr><td>2</td><td rowspan="5">调车基本进路办理</td><td>确定进路始端</td><td></td><td></td><td>5</td><td></td></tr>
<tr><td>3</td><td>按压进路始端</td><td></td><td></td><td>5</td><td></td></tr>
<tr><td>4</td><td>确定进路终端</td><td></td><td></td><td>5</td><td></td></tr>
<tr><td>5</td><td>按压进路终端</td><td></td><td></td><td>5</td><td></td></tr>
<tr><td>6</td><td>信号开放</td><td></td><td></td><td>10</td><td></td></tr>
<tr><td>7</td><td rowspan="7">调车变通进路办理</td><td>确定进路始端</td><td></td><td></td><td>5</td><td></td></tr>
<tr><td>8</td><td>按压进路始端</td><td></td><td></td><td>5</td><td></td></tr>
<tr><td>9</td><td>确定进路变通信号机（按钮）</td><td></td><td></td><td>5</td><td></td></tr>
<tr><td>10</td><td>按压进路变通按钮</td><td></td><td></td><td>5</td><td></td></tr>
<tr><td>11</td><td>确定进路终端</td><td></td><td></td><td>5</td><td></td></tr>
<tr><td>12</td><td>按压进路终端</td><td></td><td></td><td>5</td><td></td></tr>
<tr><td>13</td><td>信号开放</td><td></td><td></td><td>10</td><td></td></tr>
<tr><td>14</td><td colspan="2">销记汇报</td><td>销记、汇报</td><td></td><td></td><td>5</td><td></td></tr>
<tr><td colspan="2">7S 管理</td><td colspan="3">整理、整顿、清扫、清洁、素养、安全、节约</td><td></td><td></td><td>10</td><td></td></tr>
<tr><td colspan="2">团队协作</td><td colspan="5"></td><td>5</td><td></td></tr>
<tr><td colspan="2">工单填写</td><td colspan="5"></td><td>5</td><td></td></tr>
<tr><td colspan="2">教师评语</td><td colspan="7"></td></tr>
</table>

任务三　6502 电气集中系统故障处理（一）

1. 6502 电气集中系统故障处理（一）作业表如表 2-5 所示。

表 2-5　6502 电气集中系统故障处理（一）作业表

姓名		班级		学号		组别	
故障发生地点		故障发生时间			故障处理用时		
控制台故障现象：办理 D_{10}—D_6 调车进路时，D_{10} 信号未能正常开放							
作业内容	过程记录						
故障登记							
故障分析、判断							
故障处理							
销记							
结论							
建议处理意见							

2. 6502电气集中系统故障处理（一）评价表如表2-6所示。

表2-6　6502电气集中系统故障处理（一）评价表

<table>
<tr><td rowspan="3">基本信息</td><td>姓名</td><td colspan="2"></td><td>学号</td><td></td><td>班级</td><td></td><td>组别</td><td></td></tr>
<tr><td>角色</td><td colspan="7">主修人员□　辅修人员□　驻站联络员□　现场防护员□</td><td></td></tr>
<tr><td>规定时间</td><td colspan="2"></td><td>完成时间</td><td></td><td>考核日期</td><td></td><td>总评成绩</td><td></td></tr>
<tr><td rowspan="11">考核内容</td><td rowspan="2">序号</td><td colspan="3" rowspan="2">步骤</td><td colspan="3">完成情况</td><td rowspan="2">标准分</td><td rowspan="2">评分</td></tr>
<tr><td colspan="2">完成</td><td>未完成</td></tr>
<tr><td>1</td><td colspan="3">作业前准备（6502图册等）：
材料
工具、仪表
安全防护
登记联系</td><td colspan="2"></td><td></td><td>10</td><td></td></tr>
<tr><td>2</td><td colspan="3">进路办理</td><td colspan="3">正确办理 D_{10}—D_6 调车进路</td><td>5</td><td></td></tr>
<tr><td>3</td><td colspan="3">控制台故障现象分析</td><td colspan="3">根据进路按钮灯及排列进路表示灯点灯情况，准确判断出电路动作到了哪一步</td><td>10</td><td></td></tr>
<tr><td>4</td><td colspan="3">继电器室观察继电器动作</td><td colspan="3">准确观察继电器状态</td><td>5</td><td></td></tr>
<tr><td>5</td><td colspan="3">工具、仪表使用</td><td colspan="3">正确使用工具、仪表</td><td>5</td><td></td></tr>
<tr><td>6</td><td colspan="3">测量方法运用</td><td colspan="3">正确运用借"正"找"负"或借"负"找"正"方法、快速查找方法</td><td>10</td><td></td></tr>
<tr><td>7</td><td colspan="3">继电器室测量</td><td colspan="3">正确识图，测量位置正确</td><td>20</td><td></td></tr>
<tr><td>8</td><td colspan="3">故障点查找</td><td colspan="3">找出故障点并恢复设备</td><td>10</td><td></td></tr>
<tr><td>9</td><td colspan="3">销记汇报</td><td colspan="3">销记、汇报</td><td>5</td><td></td></tr>
<tr><td>7S管理</td><td colspan="4">整理、整顿、清扫、清洁、素养、安全、节约</td><td colspan="3"></td><td>10</td><td></td></tr>
<tr><td colspan="5">团队协作</td><td colspan="3"></td><td>5</td><td></td></tr>
<tr><td colspan="5">工单填写</td><td colspan="3"></td><td>5</td><td></td></tr>
<tr><td colspan="9">教师评语</td><td></td></tr>
</table>

任务四　6502 电气集中系统故障处理（二）

1. 6502 电气集中系统故障处理（二）作业表如表 2-7 所示。

表 2-7　6502 电气集中系统故障处理（二）作业表

姓名		班级		学号		组别	
故障发生地点		故障发生时间			故障处理用时		
控制台故障现象：办理 X_D—ⅢG 接车进路时，X_D 信号未能正常开放							
作业内容	过程记录						
故障登记							
故障分析、判断							
故障处理							
销记							
结论							
建议处理意见							

2. 6502 电气集中系统故障处理（二）评价表如表 2-8 所示。

表 2-8　6502 电气集中系统故障处理（二）评价表

基本信息	姓名		学号		班级		组别	
	角色	主修人员□　辅修人员□　驻站联络员□　现场防护员□							
	规定时间		完成时间		考核日期		总评成绩	

	序号	步骤	完成情况		标准分	评分
			完成	未完成		
考核内容	1	作业前准备（6502 图册等）： 材料 工具、仪表 安全防护 登记联系			10	
	2	进路办理	正确办理 X_D—ⅢG 接车进路		5	
	3	控制台故障现象分析	根据进路按钮灯、排列进路表示灯和白光带亮灯情况，准确判断电路动作到了哪一步		10	
	4	继电器室观察继电器动作	准确观察继电器状态		5	
	5	工具、仪表使用	正确使用工具、仪表		5	
	6	测量方法运用	正确运用借"正"找"负"或借"负"找"正"方法、快速查找方法		10	
	7	继电器室测量	正确识图，测量位置正确		20	
	8	故障点查找	找出故障点并恢复设备		10	
	9	销记汇报	销记、汇报		5	
7S 管理	整理、整顿、清扫、清洁、素养、安全、节约					10	
团队协作							5	
工单填写							5	
教师评语							

任务五　6502 电气集中系统故障处理（三）

1. 6502 电气集中系统故障处理（三）作业表如表 2-9 所示。

表 2-9　6502 电气集中系统故障处理（三）作业表

姓名		班级		学号		组别	
故障发生地点		故障发生时间		故障处理用时			
控制台故障现象：办理 X_D—ⅢG 接车进路时，X_D 信号未能正常开放							
作业内容	过程记录						
故障登记							
故障分析、判断							
故障处理							
销记							
结论							
建议处理意见							

2. 6502电气集中系统故障处理（三）评价表如表2-10所示。

表2-10 6502电气集中系统故障处理（三）评价表

<table>
<tr><td rowspan="3">基本信息</td><td>姓名</td><td colspan="2"></td><td>学号</td><td colspan="2"></td><td>班级</td><td></td><td>组别</td><td></td></tr>
<tr><td>角色</td><td colspan="5">主修人员□ 辅修人员□ 驻站联络员□ 现场防护员□</td><td colspan="4"></td></tr>
<tr><td>规定时间</td><td colspan="2"></td><td>完成时间</td><td colspan="2"></td><td>考核日期</td><td></td><td>总评成绩</td><td></td></tr>
<tr><td rowspan="11">考核内容</td><td rowspan="2">序号</td><td colspan="4" rowspan="2">步骤</td><td colspan="4">完成情况</td><td rowspan="2">标准分</td><td rowspan="2">评分</td></tr>
<tr><td colspan="2">完成</td><td colspan="2">未完成</td></tr>
<tr><td>1</td><td colspan="4">作业前准备：
材料
工具、仪表
安全防护
登记联系</td><td colspan="4"></td><td>10</td><td></td></tr>
<tr><td>2</td><td colspan="4">进路办理</td><td colspan="4">正确办理 X_D—ⅢG 接车进路</td><td>5</td><td></td></tr>
<tr><td>3</td><td colspan="4">控制台故障现象分析</td><td colspan="4">根据始端按钮灯、X_D 信号复示器、白光带亮灯情况，准确判断电路动作到了哪一步</td><td>10</td><td></td></tr>
<tr><td>4</td><td colspan="4">继电器室观察继电器动作</td><td colspan="4">准确观察继电器状态</td><td>5</td><td></td></tr>
<tr><td>5</td><td colspan="4">工具、仪表使用</td><td colspan="4">正确使用工具、仪表</td><td>5</td><td></td></tr>
<tr><td>6</td><td colspan="4">测量方法运用</td><td colspan="4">正确运用借"正"找"负"或借"负"找"正"方法、快速查找方法</td><td>10</td><td></td></tr>
<tr><td>7</td><td colspan="4">继电器室测量</td><td colspan="4">正确识图，测量位置正确</td><td>20</td><td></td></tr>
<tr><td>8</td><td colspan="4">故障点查找</td><td colspan="4">找出故障点并恢复设备</td><td>10</td><td></td></tr>
<tr><td>9</td><td colspan="4">销记汇报</td><td colspan="4">销记、汇报</td><td>5</td><td></td></tr>
<tr><td colspan="2">7S管理</td><td colspan="8">整理、整顿、清扫、清洁、素养、安全、节约</td><td>10</td><td></td></tr>
<tr><td colspan="2">团队协作</td><td colspan="8"></td><td>5</td><td></td></tr>
<tr><td colspan="2">工单填写</td><td colspan="8"></td><td>5</td><td></td></tr>
<tr><td colspan="2">教师评语</td><td colspan="9"></td></tr>
</table>

理论测试

1. **填空题**

（1）基本进路是指两点间_____、经过道岔数量_____、对其他进路作业_____的进路。

（2）长调车进路是由_____短调车进路组成的，同时开放_____调车信号机。

（3）排列进路经过交叉道岔时，3、4线负责选出_____道岔进路。

（4）排列 X_D—ⅢG 接车进路时，X_DKJ 需要检查进路上所有 SJ 的_____。

（5）排列 X_D—ⅢG 接车进路时，X_DLXJ 需要检查进路上所有调车信号机_____。

2. **选择题**

（1）下列关于列车进路中变通按钮的确定，正确的是（　　）。
  A．进路上另一个列车按钮　　　　B．基本进路上的任一调车按钮
  C．变通进路上的顺向调车按钮　　D．变通进路上的任一调车按钮

（2）调车变通进路上能作为变通按钮使用的是（　　）。
  A．顺向并置调车按钮　　　　　　B．顺向单置调车按钮
  C．反向单置调车按钮　　　　　　D．反向并置调车按钮

（3）排列 D_{10}—D_6 调车进路时，$D_{10}A$ 按钮灯一直闪烁，说明（　　）。
  A．$D_{10}AJ$ 未励磁　　　　　　　B．$D_{10}AJ$、D_6AJ 都未励磁
  C．$D_{10}JXJ$ 已励磁　　　　　　D．$D_{10}AJ$ 一直处于励磁吸起状态

（4）排列 X_D—ⅢG 接车进路时，X_D 按钮灯亮稳定绿灯，说明（　　）。
  A．LFJ 未励磁　　　　　　　　　B．X_DAJ 未励磁
  C．X_DFKJ 已励磁　　　　　　　D．X_DJXJ 未励磁

（5）排列 X_D—ⅢG 接车进路时，进路点亮白光带，但信号未开放，说明（　　）。
  A．进路已经锁闭　　　　　　　　B．进路未锁闭
  C．X_DKJ 落下　　　　　　　　　D．X_DJXJ 励磁

项目三 城市轨道交通车辆段计算机联锁系统维护—活页工单

任务一 DS6-K5B 型计算机联系统认知

1. DS6-K5B 型计算机联系统认知作业表如表 3-1 所示。

表 3-1 DS6-K5B 型计算机联系统认知作业表

姓名		班级		学号		组别	
认知项目		认知结果					
操作命令输入通道							
采集信息输入通道							
控制命令输出通道							
表示信息输出通道							
结论							
建议处理意见							

2. DS6-K5B 型计算机联系统认知评价表如表 3-2 所示。

表 3-2　DS6-K5B 型计算机联系统认知评价表

<table>
<tr><td rowspan="2">基本信息</td><td>姓名</td><td></td><td>学号</td><td></td><td>班级</td><td></td><td>组别</td><td></td></tr>
<tr><td>规定时间</td><td></td><td>完成时间</td><td></td><td>考核日期</td><td></td><td>总评成绩</td><td></td></tr>
<tr><td rowspan="6">考核内容</td><td rowspan="2">序号</td><td rowspan="2" colspan="2">步骤</td><td colspan="2">完成情况</td><td rowspan="2">标准分</td><td rowspan="2">评分</td></tr>
<tr><td>完成</td><td>未完成</td></tr>
<tr><td>1</td><td>正确说出操作命令输入通道</td><td>鼠标信息→线缆→控显机转换箱（分成两路）→线缆→控显 A 机、B 机的串行接口板→PC 总线→控显机 CPU 板→PC 总线→控显 A 机、B 机的通信板（INIO 卡）→光缆→光分路器→光缆→联锁机柜联锁机架 RSIO3 板→FSD486 板→VME 总线→联锁机架 F486-4 板</td><td></td><td></td><td>20</td><td></td></tr>
<tr><td>2</td><td>正确说出采集信息输入通道</td><td>IOZ 电源→继电器组合柜的继电器接点条件→侧面端子板→接口架→电缆→联锁柜内 ET 机架 J1→ET-PIO 板→ET-LINE 板（A3）→光缆→联锁机架 TLIO 板→IF486 板→VME 总线→F486-4CPU 板</td><td></td><td></td><td>20</td><td></td></tr>
<tr><td>3</td><td>正确说出控制命令输出通道</td><td>联锁柜内联锁机架 F486-4CPU 板→VME 总线→IF486 板→TLIO 板→光缆→ET 机架 ET-LINE 板→ET-PIO 板→ET 机架 J2→电缆→接口架→继电器组合柜侧面端子板→继电器</td><td></td><td></td><td>20</td><td></td></tr>
<tr><td>4</td><td>正确说出表示信息输出通道</td><td>联锁柜内联锁机架 F486-4CPU 板→VME 总线→FSD486 板→RSIO3 板→光缆→光分路器→光缆→控显 A 机、B 机的通信板（INIO 卡）→PC 总线→控显机 CPU 板→PC 总线→控显 A 机、B 机的视频板→线缆→控显机转换箱（两路合并成一路）→线缆→控制台的显示器</td><td></td><td></td><td>20</td><td></td></tr>
<tr><td colspan="2">7S 管理</td><td colspan="3">整理、整顿、清扫、清洁、素养、安全、节约</td><td></td><td>10</td><td></td></tr>
<tr><td colspan="4">团队协作</td><td></td><td></td><td>5</td><td></td></tr>
<tr><td colspan="4">工单填写</td><td></td><td></td><td>5</td><td></td></tr>
<tr><td colspan="4">教师评语</td><td colspan="4"></td></tr>
</table>

任务二 DS6-K5B 型计算机联锁系统开、关机操作

1. DS6-K5B 型计算机联锁系统开机操作作业表如表 3-3 所示。

表 3-3 DS6-K5B 型计算机联锁系统开机操作作业表

姓名		班级		学号		组别	
认知项目	认知结果							
打开电源开关箱电源	
打开机械室电源屏电源	
打开计算机房电源柜电源	
打开控显机柜各部电源	
打开中心 ATS 工作站电源	
打开教员机电源	
结论	
建议处理意见	

2. DS6-K5B 型计算机联锁系统开机操作评价表如表 3-4 所示。

表 3-4　DS6-K5B 型计算机联锁系统开机操作评价表

<table>
<tr><td rowspan="3">基本信息</td><td>姓名</td><td colspan="2"></td><td>学号</td><td colspan="2"></td><td>班级</td><td></td><td>组别</td><td></td></tr>
<tr><td>角色</td><td colspan="5">主修人员□ 辅修人员□ 驻站联络员□ 现场防护员□</td><td colspan="4"></td></tr>
<tr><td>规定时间</td><td colspan="2"></td><td>完成时间</td><td colspan="2"></td><td>考核日期</td><td></td><td>总评成绩</td><td></td></tr>
<tr><td rowspan="16">考核内容</td><td rowspan="2">序号</td><td colspan="3" rowspan="2">步骤</td><td colspan="3">完成情况</td><td rowspan="2" colspan="2">标准分</td><td rowspan="2">评分</td></tr>
<tr><td colspan="2">完成</td><td>未完成</td></tr>
<tr><td>1</td><td colspan="3">作业前准备：
材料
工具、仪表
安全防护
登记联系</td><td colspan="2"></td><td></td><td colspan="2">10</td><td></td></tr>
<tr><td>2</td><td colspan="3" rowspan="2">电源开关箱电源</td><td colspan="3">合上输入电源开关</td><td colspan="2">5</td><td></td></tr>
<tr><td>3</td><td colspan="3">合上输出电源开关</td><td colspan="2">5</td><td></td></tr>
<tr><td>4</td><td colspan="3" rowspan="2">打开机械室电源屏电源</td><td colspan="3">合上输入电源开关</td><td colspan="2">5</td><td></td></tr>
<tr><td>5</td><td colspan="3">合上输出电源开关</td><td colspan="2">5</td><td></td></tr>
<tr><td>6</td><td colspan="3" rowspan="3">打开计算机房电源柜电源</td><td colspan="3">合上机柜后面空气开关</td><td colspan="2">5</td><td></td></tr>
<tr><td>7</td><td colspan="3">打开机柜前面面板电源开关</td><td colspan="2">5</td><td></td></tr>
<tr><td>8</td><td colspan="3">长按两个 UPS "ON" 开关 3S 左右</td><td colspan="2">5</td><td></td></tr>
<tr><td>9</td><td colspan="3" rowspan="3">打开控显机柜各部电源（联锁机软件安装在控显A机、B机中）</td><td colspan="3">打开控显 A 机电源</td><td colspan="2">5</td><td></td></tr>
<tr><td>10</td><td colspan="3">打开控显 B 机电源</td><td colspan="2">5</td><td></td></tr>
<tr><td>11</td><td colspan="3">打开电务维修机电源</td><td colspan="2">5</td><td></td></tr>
<tr><td>12</td><td colspan="3">打开中心 ATS 工作站电源</td><td colspan="3">按压主机电源开关</td><td colspan="2">10</td><td></td></tr>
<tr><td>13</td><td colspan="3">打开教员机电源</td><td colspan="3">按压主机电源开关</td><td colspan="2">10</td><td></td></tr>
<tr><td>14</td><td colspan="3">销记汇报</td><td colspan="3">销记、汇报</td><td colspan="2">5</td><td></td></tr>
<tr><td colspan="2">7S 管理</td><td colspan="7">整理、整顿、清扫、清洁、素养、安全、节约</td><td colspan="2">10</td><td></td></tr>
<tr><td colspan="2">团队协作</td><td colspan="7"></td><td colspan="2">5</td><td></td></tr>
<tr><td colspan="2">工单填写</td><td colspan="7"></td><td colspan="2">5</td><td></td></tr>
<tr><td colspan="2">教师评语</td><td colspan="9"></td></tr>
</table>

3．DS6-K5B 型计算机联锁系统关机操作作业表如表 3-5 所示。

表 3-5　DS6-K5B 型计算机联锁系统关机操作作业表

姓名		班级		学号		组别	
开机				检修日期			
操作项目	操作结果							
关闭教员机电源							
关闭中心 ATS 工作站电源							
关闭控显机柜各部电源							
关闭计算机房电源柜电源							
关闭机械室电源屏电源							
关闭电源开关箱电源							
结论							
建议处理意见							

4. DS6-K5B 型计算机联锁系统关机操作评价表如表 3-6 所示。

表 3-6　DS6-K5B 型计算机联锁系统关机操作评价表

基本信息	姓名		学号		班级		组别	
	角色	主修人员□　辅修人员□　驻站联络员□　现场防护员□					
	规定时间		完成时间		考核日期		总评成绩	
考核内容	序号		步骤		完成情况		标准分	评分
					完成	未完成		
	1		作业前准备： 材料 工具、仪表 安全防护 登记联系				10	
	2	关闭教员机电源	点击任务栏中的关机按钮				10	
	3		合上输出电源开关				5	
	4	关闭中心 ATS 工作站电源	点击任务栏中的关机按钮				10	
	5		合上输出电源开关				5	
	6	关闭控显机柜各部电源	关闭控显 A 机电源				5	
	7		关闭控显 B 机电源				5	
	8		关闭电务维修机电源				5	
	9	关闭计算机房电源柜电源	长按两个 UPS "OFF" 开关 3s 左右				5	
	10		断开机柜前面面板电源开关				5	
	11		断开机柜后面空气开关				5	
	12	关闭机械室电源屏电源	断开输出电源开关				5	
	13	关闭电源开关箱电源	断开输入电源开关				5	
	14	销记汇报	销记、汇报				5	
7S 管理	整理、整顿、清扫、清洁、素养、安全、节约						10	
团队协作								5	
工单填写								5	
教师评语								

任务三　中心 ATS 工作站菜单类操作

1. 中心 ATS 工作站菜单类操作作业表如表 3-7 所示。

表 3-7　中心 ATS 工作站菜单类操作作业表

姓名		班级		学号		组别	
设备名称				操作时间			
操作项目	操作结果						
控制模式转换 ("站控"转"中控")	
上电解锁	
取消紧急停车状态	
结论	
建议处理意见	

2. 中心 ATS 工作站菜单类操作评价表如表 3-8 所示。

表 3-8　中心 ATS 工作站菜单类操作评价表

<table>
<tr><td rowspan="3">基本信息</td><td>姓名</td><td></td><td>学号</td><td colspan="2"></td><td>班级</td><td></td><td>组别</td><td></td></tr>
<tr><td>角色</td><td colspan="5">主修人员□ 辅修人员□ 驻站联络员□ 现场防护员□</td><td></td><td></td><td></td></tr>
<tr><td>规定时间</td><td></td><td>完成时间</td><td colspan="2"></td><td>考核日期</td><td></td><td>总评成绩</td><td></td></tr>
<tr><td rowspan="6">考核内容</td><td rowspan="2">序号</td><td colspan="3" rowspan="2">步骤</td><td colspan="2">完成情况</td><td rowspan="2">标准分</td><td rowspan="2">评分</td></tr>
<tr><td>完成</td><td>未完成</td></tr>
<tr><td>1</td><td colspan="3">作业前准备：
安全防护
登记联系</td><td></td><td></td><td>10</td><td></td></tr>
<tr><td>2</td><td>控制模式转换</td><td colspan="2">进行"站控转中控"操作，中心 ATS 界面上"中控"标识稳定绿色</td><td></td><td></td><td>20</td><td></td></tr>
<tr><td>3</td><td>上电解锁</td><td colspan="2">下达"上电解锁"命令，进行二次确认，待全站白光带消失</td><td></td><td></td><td>20</td><td></td></tr>
<tr><td>4</td><td>紧急停车状态取消</td><td colspan="2">在 IBP 盘依次按压各"取消紧急停车状态"按钮，紧急停车红灯熄灭</td><td></td><td></td><td>20</td><td></td></tr>
<tr><td>5</td><td>销记汇报</td><td colspan="2">销记、汇报</td><td></td><td></td><td>10</td><td></td></tr>
<tr><td colspan="2">7S 管理</td><td colspan="5">整理、整顿、清扫、清洁、素养、安全、节约</td><td>10</td><td></td></tr>
<tr><td colspan="7">团队协作</td><td>5</td><td></td></tr>
<tr><td colspan="7">工单填写</td><td>5</td><td></td></tr>
<tr><td colspan="2">教师评语</td><td colspan="7"></td></tr>
</table>

任务四　车站 ATS 工作站菜单类操作

1. 车站 ATS 工作站菜单类操作作业表如表 3-9 所示。

表 3-9　车站 ATS 工作站菜单类操作作业表

姓名		班级		学号		组别	
设备名称				操作时间			
操作项目				操作结果			
控制模式转换("中控"转"站控")								
轨道封锁与解封操作								
道岔操作	道岔定操与反操							
	道岔单锁与单解							
	道岔封锁与解封							
信号机操作	信号机的封锁与解封							
	排列进路与取消进路							
	信号重开							
	引导进路办理,包括引导信号升放和引导进路解锁							
结论								
建议处理意见								

2. 车站 ATS 工作站菜单类操作评价表如表 3-10 所示。

表 3-10 车站 ATS 工作站菜单类操作评价表

<table>
<tr><td rowspan="4">基本信息</td><td>姓名</td><td colspan="2"></td><td>学号</td><td colspan="2"></td><td>班级</td><td></td><td>组别</td><td></td></tr>
<tr><td>角色</td><td colspan="5">主修人员□ 辅修人员□ 驻站联络员□ 现场防护员□</td><td colspan="4"></td></tr>
<tr><td>规定时间</td><td colspan="2"></td><td>完成时间</td><td colspan="2"></td><td>考核日期</td><td></td><td>总评成绩</td><td></td></tr>
<tr><td colspan="9"></td></tr>
<tr><td rowspan="7">考核内容</td><td rowspan="7">序号</td><td colspan="3" rowspan="7">步骤</td><td colspan="2">完成情况</td><td rowspan="7">标准分</td><td rowspan="7">评分</td></tr>
<tr><td>完成</td><td>未完成</td></tr>
<tr><td colspan="2"></td></tr>
<tr><td colspan="2"></td></tr>
<tr><td colspan="2"></td></tr>
<tr><td colspan="2"></td></tr>
<tr><td colspan="2"></td></tr>
</table>

	序号		步骤	完成	未完成	标准分	评分
考核内容	1		作业前准备： 安全防护 登记联系			10	
	2	控制模式转换	进行"中控转站控"操作，车站 ATS 界面上"站控"标识稳定显示为黄色			10	
	3	轨道封锁与解封操作	(1) 封锁，确定后轨道区段粉蓝色光带闪烁 (2) 解封，二次确认后轨道区段粉蓝色光带消失			10	
	4	道岔操作	(1) 道岔定操与反操，在 D0302 道岔操作菜单栏选择"定操/反操"选项，道岔转换到反位/定位并沟通表示 (2) 道岔单锁与单解，在 D0302 道岔操作菜单栏选择"单锁/单解"选项，D0302 道岔号变成"红色/绿（黄）色" (3) 道岔封锁与解封，在 D0302 道岔操作菜单栏选择"封锁/解封"选项，D0302 道岔粉红光带交替闪烁/粉红光带交替闪烁消失			20	
	5	信号机操作	(1) 信号机的封锁与解封，封锁时信号机显示红色边框，解封反之 (2) 排列进路与取消进路，排列成功后进路出现白光带且信号机开放，取消后信号机关闭白光带消失 (3) 信号重开，信号重开条件满足的情况下，在菜单栏选择"信号重开"选项，点击"确定"按钮后信号机再次开放 (4) 在引导进路办理前提条件满足的情况下，采用正确的方法，引导信号开放红、黄灯；正确办理引导进路解锁			20	
	6	销记汇报	销记、汇报			10	
7S 管理	整理、整顿、清扫、清洁、素养、安全、节约					10	
团队协作						5	
工单填写						5	
教师评语							

任务五　科安达-提芬巴赫 TAZ Ⅱ 计轴系统复位操作

1. 科安达-提芬巴赫 TAZ Ⅱ 计轴系统复位操作作业表如表 3-11 所示。

表 3-11　科安达-提芬巴赫 TAZ Ⅱ 计轴系统复位操作作业表

姓名		班级		学号		组别	
设备名称				操作时间			
操作项目	操作结果						
车站 ATS 界面进行计轴"预复位"							
计轴机柜复零板进行计轴"预复位"							
计轴机柜放大板上模拟行车过程使计轴区段处于空闲状态							
结论							
建议处理意见							

2. 科安达-提芬巴赫 TAZ Ⅱ 计轴系统复位操作评价表如表 3-12 所示。

表 3-12 科安达-提芬巴赫 TAZ Ⅱ 计轴系统复位操作评价表

<table>
<tr><td rowspan="3">基本信息</td><td>姓名</td><td></td><td>学号</td><td></td><td>班级</td><td></td><td>组别</td><td></td></tr>
<tr><td>角色</td><td colspan="5">主修人员□ 辅修人员□ 驻站联络员□ 现场防护员□</td><td></td><td></td></tr>
<tr><td>规定时间</td><td></td><td>完成时间</td><td></td><td>考核日期</td><td></td><td>总评成绩</td><td></td></tr>
<tr><td rowspan="6">考核内容</td><td rowspan="2">序号</td><td rowspan="2" colspan="3">步骤</td><td colspan="2">完成情况</td><td rowspan="2">标准分</td><td rowspan="2">评分</td></tr>
<tr><td>完成</td><td>未完成</td></tr>
<tr><td>1</td><td colspan="3">作业前准备：
安全防护
登记联系</td><td></td><td></td><td>10</td><td></td></tr>
<tr><td>2</td><td>车站 ATS 界面进行计轴"预复位"</td><td colspan="2">在轨道区段下拉菜单中选择"计轴预复位"选项，下达操作命令并进行二次确认；预复位成功后，轨道区段由红色、青色光带组成</td><td></td><td></td><td>20</td><td></td></tr>
<tr><td>3</td><td>计轴机柜复零板进行计轴"预复位"</td><td colspan="2">在计轴机柜上找到计轴复零板，同时按压轨道区段对应的两个 ACR 复位按钮；预复位成功后，轨道区段由红色、青色光带组成</td><td></td><td></td><td>20</td><td></td></tr>
<tr><td>4</td><td>计轴机柜放大板上模拟行车过程，使计轴区段处于空闲状态</td><td colspan="2">计轴预复位的第一个区段，首先通过正确操作 SIM.Ⅱ 和 SIM.Ⅰ 按钮，在该区段设置 1 个轴；然后通过正确操作每个计轴预复位区段的 SIM.Ⅰ 和 SIM.Ⅱ 按钮，让该轴模拟行车过程依次占用并出清每一个计轴预复位区段，从而使得每个计轴区段输出空闲状态</td><td></td><td></td><td>20</td><td></td></tr>
<tr><td>5</td><td>销记汇报</td><td colspan="3">销记、汇报</td><td></td><td></td><td>10</td><td></td></tr>
<tr><td colspan="2">7S 管理</td><td colspan="5">整理、整顿、清扫、清洁、素养、安全、节约</td><td>10</td><td></td></tr>
<tr><td colspan="2">团队协作</td><td colspan="5"></td><td>5</td><td></td></tr>
<tr><td colspan="2">工单填写</td><td colspan="5"></td><td>5</td><td></td></tr>
<tr><td colspan="2">教师评语</td><td colspan="7"></td></tr>
</table>

任务六　DS6-K5B 型计算机联锁系统道岔采集电路测试

1. D0308 采集接口电路图如图 3-1 所示。

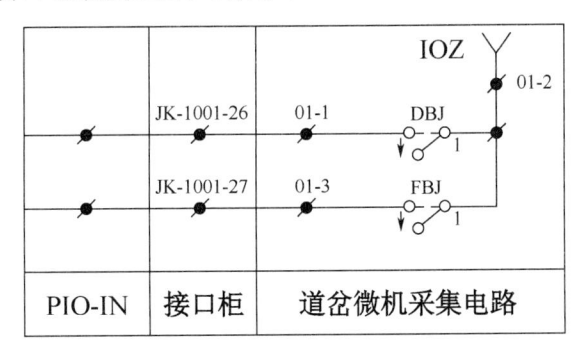

图 3-1　D0308 采集接口电路图

2. DS6-K5B 型计算机联锁系统道岔采集电路测试作业表如表 3-13 所示。

表 3-13　DS6-K5B 型计算机联锁系统道岔采集电路测试作业表

姓名		班级		学号		组别	
道岔名称				测试日期			
测试项目				测试结果（填写电位或电压值）			
侧面端子 01-2							
DBJ	继电器组合架	中接点					
		前接点					
		侧面					
	接口架						
FBJ	继电器组合架	中接点					
		前接点					
		侧面					
	接口架						
结论							
建议处理意见							

3. DS6-K5B 型计算机联锁系统道岔采集电路测试评价表如表 3-14 所示。

表 3-14　DS6-K5B 型计算机联锁系统道岔采集电路测试评价表

基本信息	姓名		学号		班级		组别	
	角色		主修人员□　辅修人员□　驻站联络员□　现场防护员□					
	规定时间		完成时间		考核日期		总评成绩	
考核内容	序号	步骤		完成情况		标准分	评分
				完成	未完成		
	1	作业前准备： 材料 工具、仪表 安全防护 登记联系				10	
	2	工具、仪表使用	正确使用工具、仪表			15	
	3	测量方法运用	正确借用 IOF 进行测试			15	
	4	继电器室测量	正确识图，测量位置正确			15	
	5	测试结果	完成测试项目，正确填写测试数据			15	
	6	销记汇报	销记、汇报			10	
7S 管理	整理、整顿、清扫、清洁、素养、安全、节约					10	
团队协作						5	
工单填写						5	
教师评语							

任务七　DS6-K5B型计算机联锁系统道岔驱动电路测试

1. D0312驱动接口电路图如图3-2所示。

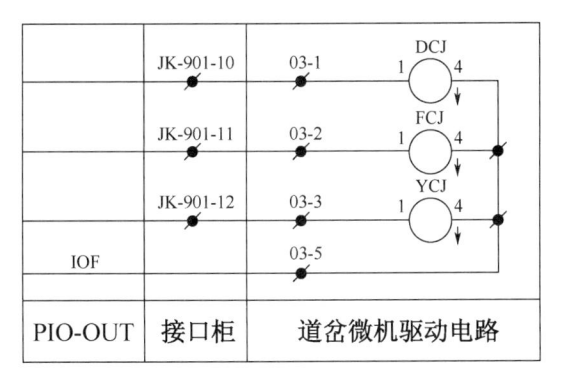

图3-2　D0312驱动接口电路图

2. DS6-K5B型计算机联锁系统道岔驱动电路测试作业表如表3-15所示。

表3-15　DS6-K5B型计算机联锁系统道岔驱动电路测试作业表

姓名		班级		学号		组别	
道岔名称				测试日期			
测试项目				测试结果（填写电位或电压值）			
第一组	接口架		DCJ				
			YCJ				
	继电器组合架	DCJ	侧面				
			线圈1				
			1、4线圈				
		YCJ	侧面				
			线圈1				
			1、4线圈				
第二组	接口架		FCJ				
			YCJ				
	继电器组合架	FCJ	侧面				
			线圈1				
			1、4线圈				
		YCJ	侧面				
			线圈1				
			1、4线圈				
结论							
建议处理意见							

3. DS6-K5B 型计算机联锁系统道岔驱动电路测试评价表如表 3-16 所示。

表 3-16　DS6-K5B 型计算机联锁系统道岔驱动电路测试评价表

<table>
<tr><td rowspan="3">基本信息</td><td>姓名</td><td colspan="2"></td><td>学号</td><td></td><td>班级</td><td></td><td>组别</td><td></td></tr>
<tr><td>角色</td><td colspan="7">主修人员□　辅修人员□　驻站联络员□　现场防护员□</td></tr>
<tr><td>规定时间</td><td colspan="2"></td><td>完成时间</td><td></td><td>考核日期</td><td></td><td>总评成绩</td><td></td></tr>
<tr><td rowspan="7">考核内容</td><td rowspan="2">序号</td><td colspan="2" rowspan="2">步骤</td><td colspan="4">完成情况</td><td rowspan="2">标准分</td><td rowspan="2">评分</td></tr>
<tr><td colspan="2">完成</td><td colspan="2">未完成</td></tr>
<tr><td>1</td><td colspan="2">作业前准备：
材料
工具、仪表
安全防护
登记联系</td><td colspan="4"></td><td>10</td><td></td></tr>
<tr><td>2</td><td colspan="2">工具、仪表使用</td><td colspan="4">正确使用工具、仪表</td><td>15</td><td></td></tr>
<tr><td>3</td><td colspan="2">测量方法运用</td><td colspan="4">（1）正确借用 IOF 进行测试
（2）在道岔操纵过程中测试（注意密切配合）</td><td>15</td><td></td></tr>
<tr><td>4</td><td colspan="2">继电器室测量</td><td colspan="4">正确识图，测量位置正确</td><td>15</td><td></td></tr>
<tr><td>5</td><td colspan="2">测试结果</td><td colspan="4">完成测试项目，正确填写测试数据</td><td>15</td><td></td></tr>
<tr><td>6</td><td colspan="2">销记汇报</td><td colspan="4">销记、汇报</td><td>10</td><td></td></tr>
<tr><td colspan="2">7S 管理</td><td colspan="3">整理、整顿、清扫、清洁、
素养、安全、节约</td><td colspan="4"></td><td>10</td><td></td></tr>
<tr><td colspan="5">团队协作</td><td colspan="3"></td><td>5</td><td></td></tr>
<tr><td colspan="5">工单填写</td><td colspan="3"></td><td>5</td><td></td></tr>
<tr><td colspan="2">教师评语</td><td colspan="7"></td></tr>
</table>

任务八　DS6-K5B 型计算机联锁系统信号机采集电路测试

1. S0318 采集接口电路图如图 3-3 所示。

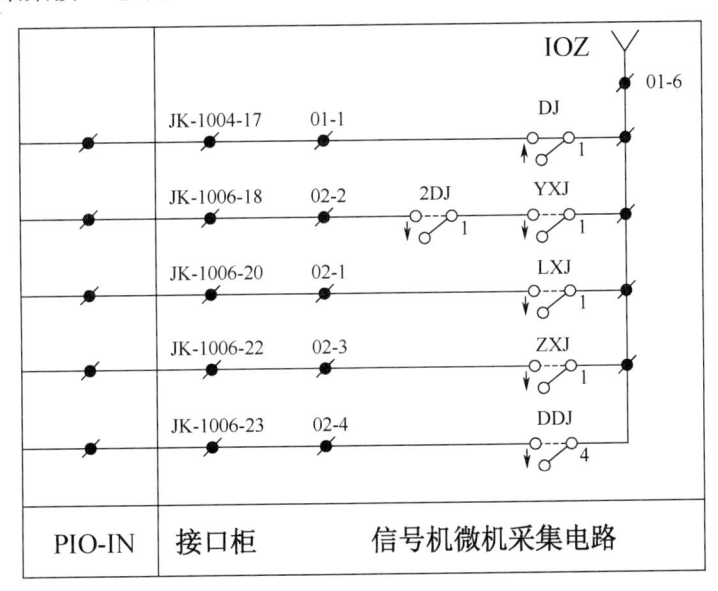

图 3-3　S0318 采集接口电路图

2. DS6-K5B 型计算机联锁系统信号机采集电路测试作业表如表 3-17 所示。

表 3-17　DS6-K5B 型计算机联锁系统信号机采集电路测试作业表

姓名		班级		学号		组别	
信号机名称				测试日期			
测试项目				测试结果（填写电位或电压值）			
第一组	DJ	继电器组合架	中接点				
			前接点				
			侧面				
	LXJ		中接点				
			前接点				
			侧面				
	ZXJ		中接点				
			前接点				
			侧面				
	DJ	接口架					
	LXJ						
	ZXJ						

037

续表

姓名		班级		学号		组别	
信号机名称				测试日期			
测试项目				测试结果（填写电位或电压值）			

第二组	继电器组合架	2DJ	中接点	
			前接点	
		YXJ	中接点	
			前接点	
		侧面		
	接口架			
第三组	继电器组合架	DDJ	中接点	
			前接点	
		侧面		
	接口架			
结论				
建议处理意见				

3. DS6-K5B 型计算机联锁系统信号机采集电路测试评价表如表 3-18 所示。

表 3-18　DS6-K5B 型计算机联锁系统信号机采集电路测试评价表

	姓名		学号		班级		组别	
基本信息	角色	主修人员□　辅修人员□　驻站联络员□　现场防护员□						
	规定时间		完成时间		考核日期		总评成绩	
考核内容	序号	步骤			完成情况		标准分	评分
					完成	未完成		
	1	作业前准备： 材料 工具、仪表 安全防护 登记联系					10	
	2	工具、仪表使用	正确使用工具、仪表				15	
	3	测量方法运用	（1）第一组测试在 S0318 信号机开放绿灯情况下进行 （2）第二组测试在 S0318 开放引导信号情况下进行 （3）第三组测试需切换到 CBTC 模式下进行 （4）正确借用 IOF 电源测试				15	
	4	继电器室测量	正确识图，测量位置正确				15	
	5	测试结果	完成测试项目，正确填写测试数据				15	
	6	销记汇报	销记、汇报				10	

续表

基本信息	姓名		学号			班级		组别	
	角色	主修人员□　辅修人员□　驻站联络员□　现场防护员□							
	规定时间		完成时间			考核日期		总评成绩	

7S管理	序号	步骤	完成情况		标准分	评分
			完成	未完成		
		整理、整顿、清扫、清洁、素养、安全、节约			10	

团队协作		5	
工单填写		5	

教师评语	

任务九　DS6-K5B型计算机联锁系统信号机驱动电路测试

1. S0309驱动接口电路图如图3-4所示。

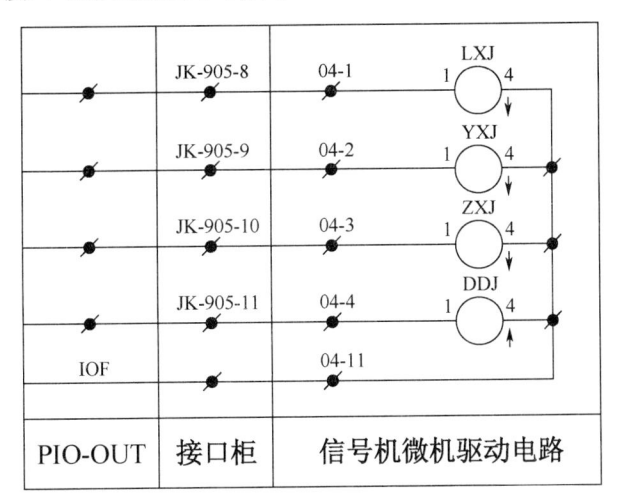

图3-4　S0309驱动接口电路图

2. DS6-K5B型计算机联锁系统信号机驱动电路测试作业表如表3-19所示。

表3-19　DS6-K5B型计算机联锁系统信号机驱动电路测试作业表

姓名		班级		学号		组别	
信号机名称				测试日期			
测试项目			测试结果					
第一组	接口架	LXJ					
^	^	ZXJ					
^	继电器组合架	LXJ	侧面				
^	^	^	线圈1				
^	^	^	1、4线圈				
^	^	ZXJ	侧面				
^	^	^	线圈1				
^	^	^	1、4线圈				
第二组	接口架	YXJ					
^	继电器组合架	YXJ	侧面				
^	^	^	线圈1				
^	^	^	1、4线圈				
第三组	接口架	DDJ					
^	继电器组合架	DDJ	侧面				
^	^	^	线圈1				
^	^	^	1、4线圈				
结论							
建议处理意见							

3. DS6-K5B 型计算机联锁系统信号机驱动电路测试评价表如表 3-20 所示。

表 3-20　DS6-K5B 型计算机联锁系统信号机驱动电路测试评价表

<table>
<tr><td rowspan="3">基本信息</td><td>姓名</td><td colspan="2"></td><td>学号</td><td></td><td>班级</td><td></td><td>组别</td><td></td></tr>
<tr><td>角色</td><td colspan="5">主修人员□　辅修人员□　驻站联络员□　现场防护员□</td><td></td><td></td><td></td></tr>
<tr><td>规定时间</td><td colspan="2"></td><td>完成时间</td><td></td><td>考核日期</td><td></td><td>总评成绩</td><td></td></tr>
<tr><td rowspan="8">考核内容</td><td rowspan="2">序号</td><td colspan="3" rowspan="2">步骤</td><td colspan="2">完成情况</td><td rowspan="2" colspan="2">标准分</td><td rowspan="2">评分</td></tr>
<tr><td>完成</td><td>未完成</td></tr>
<tr><td>1</td><td colspan="3">作业前准备：
材料
工具、仪表
安全防护
登记联系</td><td></td><td></td><td colspan="2">10</td><td></td></tr>
<tr><td>2</td><td colspan="3">工具、仪表使用　　正确使用工具、仪表</td><td></td><td></td><td colspan="2">15</td><td></td></tr>
<tr><td>3</td><td colspan="3">测量方法运用　（1）第一组测试在 S0309 信号机开放绿灯情况下进行
（2）第二组测试在 S0309 开放引导信号情况下进行
（3）第三组测试需切换到 CBTC 模式下进行
（4）正确借用 IOF 电源测试</td><td></td><td></td><td colspan="2">15</td><td></td></tr>
<tr><td>4</td><td colspan="3">继电器室测量　　正确识图，测量位置正确</td><td></td><td></td><td colspan="2">15</td><td></td></tr>
<tr><td>5</td><td colspan="3">测试结果　　完成测试项目，正确填写测试数据</td><td></td><td></td><td colspan="2">15</td><td></td></tr>
<tr><td>6</td><td colspan="3">销记汇报　　销记、汇报</td><td></td><td></td><td colspan="2">10</td><td></td></tr>
<tr><td colspan="2">7S 管理</td><td colspan="5">整理、整顿、清扫、清洁、素养、安全、节约</td><td colspan="2">10</td><td></td></tr>
<tr><td colspan="2">团队协作</td><td colspan="5"></td><td colspan="2">5</td><td></td></tr>
<tr><td colspan="2">工单填写</td><td colspan="5"></td><td colspan="2">5</td><td></td></tr>
<tr><td colspan="2">教师评语</td><td colspan="7"></td></tr>
</table>

任务十 DS6-K5B 型计算机联锁系统轨道区段采集电路测试

1. G0301 轨道区段采集接口电路图如图 3-5 所示。

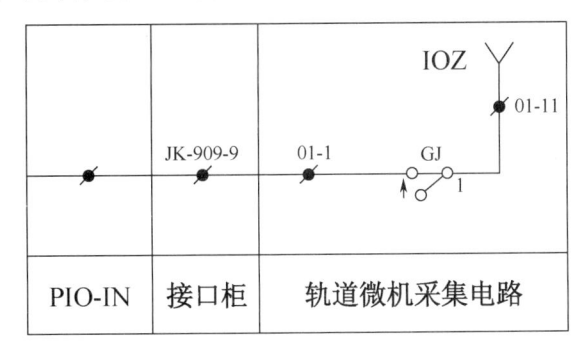

图 3-5 G0301 轨道区段采集接口电路图

2. DS6-K5B 型计算机联锁系统轨道区段采集电路测试作业表如表 3-21 所示。

表 3-21 DS6-K5B 型计算机联锁系统轨道区段采集电路测试作业表

姓名		班级		学号		组别	
轨道区段名称				测试日期			
测试项目					测试结果（填写电位或电压值）		
侧面端子 01-2								
GJ	继电器组合架	中接点					
		前接点					
		侧面					
	接口架						
结论							
建议处理意见							

3. DS6-K5B 型计算机联锁系统轨道区段采集电路测试评价表如表 3-22 所示。

表 3-22　DS6-K5B 型计算机联锁系统轨道区段采集电路测试评价表

<table>
<tr><td rowspan="3">基本信息</td><td>姓名</td><td colspan="2"></td><td>学号</td><td colspan="2"></td><td>班级</td><td></td><td>组别</td><td></td></tr>
<tr><td>角色</td><td colspan="6">主修人员□　辅修人员□　驻站联络员□　现场防护员□</td><td></td><td></td><td></td></tr>
<tr><td>规定时间</td><td colspan="2"></td><td>完成时间</td><td colspan="2"></td><td>考核日期</td><td></td><td>总评成绩</td><td></td></tr>
<tr><td rowspan="8">考核内容</td><td rowspan="2">序号</td><td colspan="4" rowspan="2">步骤</td><td colspan="2">完成情况</td><td rowspan="2">标准分</td><td rowspan="2">评分</td></tr>
<tr><td>完成</td><td>未完成</td></tr>
<tr><td>1</td><td colspan="4">作业前准备：
材料
工具、仪表
安全防护
登记联系</td><td></td><td></td><td>10</td><td></td></tr>
<tr><td>2</td><td colspan="4">工具、仪表使用</td><td colspan="2">正确使用工具、仪表</td><td>15</td><td></td></tr>
<tr><td>3</td><td colspan="4">测量方法运用</td><td colspan="2">正确借用 IOF 进行测试</td><td>15</td><td></td></tr>
<tr><td>4</td><td colspan="4">继电器室测量</td><td colspan="2">正确识图，测量位置正确</td><td>15</td><td></td></tr>
<tr><td>5</td><td colspan="4">测试结果</td><td colspan="2">完成测试项目，正确填写测试数据</td><td>15</td><td></td></tr>
<tr><td>6</td><td colspan="4">销记汇报</td><td colspan="2">销记、汇报</td><td>10</td><td></td></tr>
<tr><td>7S 管理</td><td colspan="5">整理、整顿、清扫、清洁、素养、安全、节约</td><td colspan="2"></td><td>10</td><td></td></tr>
<tr><td colspan="6">团队协作</td><td colspan="2"></td><td>5</td><td></td></tr>
<tr><td colspan="6">工单填写</td><td colspan="2"></td><td>5</td><td></td></tr>
<tr><td colspan="9">教师评语</td><td></td></tr>
</table>

任务十一　ZD6 型道岔集中检修

1. ZD6 型道岔集中检修作业表如表 3-23 所示。

表 3-23　ZD6 型道岔集中检修作业表

姓名		班级		学号		组别	
道岔名称		转辙机类型			检修日期		
检修项目	检修结果							
转辙机内部检修	
道岔杆件及机械传动部位动态检查	
道岔状况动态检查	
箱盒内部检修	
扳动试验、I 级测试	
结论	
建议处理意见	

2. ZD6型道岔集中检修评价表如表3-24所示。

表3-24　ZD6型道岔集中检修评价表

<table>
<tr><td rowspan="3">基本信息</td><td>姓名</td><td></td><td>学号</td><td colspan="2"></td><td>班级</td><td></td><td>组别</td><td></td></tr>
<tr><td>角色</td><td colspan="5">主修人员□　辅修人员□　驻站联络员□　现场防护员□</td><td colspan="3"></td></tr>
<tr><td>规定时间</td><td></td><td>完成时间</td><td colspan="2"></td><td>考核日期</td><td></td><td>总评成绩</td><td></td></tr>
<tr><td rowspan="24">考核内容</td><td rowspan="2">序号</td><td colspan="4" rowspan="2">步骤</td><td colspan="2">完成情况</td><td rowspan="2">标准分</td><td rowspan="2">评分</td></tr>
<tr><td>完成</td><td>未完成</td></tr>
<tr><td>1</td><td colspan="4">作业前准备：
材料
工具、仪表
安全防护
登记联系</td><td></td><td></td><td>10</td><td></td></tr>
<tr><td>2</td><td rowspan="7">转辙机内部检修</td><td colspan="3">转辙机防尘、防水检查</td><td></td><td></td><td>2</td><td></td></tr>
<tr><td>3</td><td colspan="3">检查遮断器是否良好，并断开遮断器开始检修</td><td></td><td></td><td>3</td><td></td></tr>
<tr><td>4</td><td colspan="3">转子擦拭</td><td></td><td></td><td>5</td><td></td></tr>
<tr><td>5</td><td colspan="3">动、静接点擦拭</td><td></td><td></td><td>5</td><td></td></tr>
<tr><td>6</td><td colspan="3">转辙机内部清扫，并紧固各部件螺钉</td><td></td><td></td><td>5</td><td></td></tr>
<tr><td>7</td><td colspan="3">主挤切销、连接销检查</td><td></td><td></td><td>5</td><td></td></tr>
<tr><td>8</td><td colspan="3">转辙机内部注油</td><td></td><td></td><td>5</td><td></td></tr>
<tr><td>9</td><td>道岔杆件及机械传动部位动态检查</td><td colspan="3">各部螺钉、开口销检查紧固</td><td></td><td></td><td>5</td><td></td></tr>
<tr><td>10</td><td rowspan="2">道岔状况动态检查</td><td colspan="3">道岔密贴、爬行、掉板检查</td><td></td><td></td><td>2</td><td></td></tr>
<tr><td>11</td><td colspan="3">道岔方正检查</td><td></td><td></td><td>3</td><td></td></tr>
<tr><td>12</td><td rowspan="2">箱盒内部检修</td><td colspan="3">箱盒防潮、防尘检查</td><td></td><td></td><td>2</td><td></td></tr>
<tr><td>13</td><td colspan="3">箱盒内部螺钉、配线检查，图物相符检查，二极管无过热现象</td><td></td><td></td><td>3</td><td></td></tr>
<tr><td>14</td><td rowspan="5">扳动试验、I级测试</td><td colspan="3">2mm、4mm、6mm试验</td><td></td><td></td><td>5</td><td></td></tr>
<tr><td>15</td><td colspan="3">摩擦电流测试</td><td></td><td></td><td>3</td><td></td></tr>
<tr><td>16</td><td colspan="3">缺口检查</td><td></td><td></td><td>5</td><td></td></tr>
<tr><td>17</td><td colspan="3">安装装置绝缘测试</td><td></td><td></td><td>5</td><td></td></tr>
<tr><td>18</td><td colspan="3">定、转子测试</td><td></td><td></td><td>2</td><td></td></tr>
<tr><td>19</td><td colspan="4">道岔开口测量</td><td></td><td></td><td>5</td><td></td></tr>
<tr><td>20</td><td colspan="4">核对道岔位置</td><td></td><td></td><td>5</td><td></td></tr>
<tr><td>21</td><td>销记汇报</td><td colspan="3">销记、设备加锁、待修问题记录，班后小结</td><td></td><td></td><td>5</td><td></td></tr>
<tr><td colspan="2">7S管理</td><td colspan="4">整理、整顿、清扫、清洁、素养、安全、节约</td><td></td><td></td><td>10</td><td></td></tr>
<tr><td colspan="6">团队协作</td><td></td><td></td><td>5</td><td></td></tr>
<tr><td colspan="6">工单填写</td><td></td><td></td><td>5</td><td></td></tr>
<tr><td colspan="9">教师评语</td></tr>
</table>

任务十二　S700K型道岔集中检修

1. S700K型道岔集中检修作业表如表3-25所示。

表3-25　S700K型道岔集中检修作业表

姓名		班级		学号		组别	
道岔名称			转辙机类型			检修日期	
检修项目	检修结果						
转辙机内部检修							
外锁闭及安装装置检修							
道岔状况动态检查							
箱盒内部检修							
扳动试验及测试							
结论							
建议处理意见							

2. S700K 型道岔集中检修评价表如表 3-26 所示。

表 3-26　S700K 型道岔集中检修评价表

<table>
<tr><td rowspan="3">基本信息</td><td>姓名</td><td colspan="2"></td><td>学号</td><td colspan="2"></td><td>班级</td><td></td><td>组别</td><td></td></tr>
<tr><td>角色</td><td colspan="5">主修人员□　辅修人员□　驻站联络员□　现场防护员□</td><td colspan="4"></td></tr>
<tr><td>规定时间</td><td colspan="2"></td><td>完成时间</td><td colspan="2"></td><td>考核日期</td><td></td><td>总评成绩</td><td></td></tr>
<tr><td rowspan="20">考核内容</td><td rowspan="2">序号</td><td colspan="6" rowspan="2">步骤</td><td colspan="2">完成情况</td><td rowspan="2">标准分</td><td rowspan="2">评分</td></tr>
<tr><td>完成</td><td>未完成</td></tr>
<tr><td>1</td><td colspan="6">作业前准备：
材料
工具、仪表
安全防护
登记联系</td><td colspan="2"></td><td>10</td><td></td></tr>
<tr><td>2</td><td rowspan="3">转辙机内部检修</td><td colspan="5">转辙机防尘、防水检查</td><td colspan="2"></td><td>2</td><td></td></tr>
<tr><td>3</td><td colspan="5">遮断开关通断检查</td><td colspan="2"></td><td>3</td><td></td></tr>
<tr><td>4</td><td colspan="5">滚珠丝杠、动作杆、检测杆、齿轮组、锁闭块、锁舌、操纵板等油润检查</td><td colspan="2"></td><td>5</td><td></td></tr>
<tr><td>5</td><td colspan="6">电动机内部锁舌、配线检查、锁舌注油、电动机螺钉紧固。先接点组，然后固定电动机螺钉（用专用套筒紧固）、电动机内部异物检查及清扫</td><td colspan="2"></td><td>5</td><td></td></tr>
<tr><td>6</td><td rowspan="4">外锁闭及安装装置检修</td><td colspan="5">外锁闭及安装装置螺钉紧固检查</td><td colspan="2"></td><td>5</td><td></td></tr>
<tr><td>7</td><td colspan="5">锁勾、锁闭铁、锁闭框检查</td><td colspan="2"></td><td>5</td><td></td></tr>
<tr><td>8</td><td colspan="5">开口检查测试</td><td colspan="2"></td><td>2</td><td></td></tr>
<tr><td>9</td><td colspan="5">锁闭量检查测试</td><td colspan="2"></td><td>3</td><td></td></tr>
<tr><td>10</td><td rowspan="2">道岔状况动态检查</td><td colspan="5">道岔密贴、顶铁、爬行、掉板检查，注意检查有无肥边和顶铁顶住情况</td><td colspan="2"></td><td>5</td><td></td></tr>
<tr><td>11</td><td colspan="5">道岔方正检查</td><td colspan="2"></td><td>5</td><td></td></tr>
<tr><td>12</td><td rowspan="2">箱盒内部检修</td><td colspan="5">箱盒防潮、防尘检查</td><td colspan="2"></td><td>5</td><td></td></tr>
<tr><td>13</td><td colspan="5">箱盒内部螺钉、配线检查，图物相符检查，二极管无过热现象</td><td colspan="2"></td><td>5</td><td></td></tr>
<tr><td>14</td><td rowspan="4">扳动试验及测试</td><td colspan="5">4mm 试验、6 mm 试验、5/10mm 试验</td><td colspan="2"></td><td>5</td><td></td></tr>
<tr><td>15</td><td colspan="5">缺口检查</td><td colspan="2"></td><td>5</td><td></td></tr>
<tr><td>16</td><td colspan="5">安装装置绝缘测试</td><td colspan="2"></td><td>5</td><td></td></tr>
<tr><td>17</td><td colspan="5">核对道岔位置</td><td colspan="2"></td><td>5</td><td></td></tr>
<tr><td>18</td><td colspan="6">销记汇报</td><td colspan="2"></td><td>5</td><td></td></tr>
<tr><td colspan="2">销记</td><td colspan="5">销记、设备加锁、待修问题记录，班后小结</td><td colspan="2"></td><td>5</td><td></td></tr>
<tr><td colspan="2">7S 管理</td><td colspan="6">整理、整顿、清扫、清洁、素养、安全、节约</td><td colspan="2"></td><td>10</td><td></td></tr>
<tr><td colspan="8">团队协作</td><td colspan="2"></td><td>5</td><td></td></tr>
<tr><td colspan="8">工单填写</td><td colspan="2"></td><td>5</td><td></td></tr>
<tr><td colspan="11">教师评语</td></tr>
</table>

任务十三　ZYJ7 型道岔集中检修

1. ZYJ7 型道岔集中检修作业表如表 3-27 所示。

表 3-27　ZYJ7 型道岔集中检修作业表

姓名		班级		学号		组别	
道岔名称		转辙机类型			检修日期		
检修项目	检修结果						
转辙机内部检修							
外锁闭及安装装置检修							
道岔状况动态检查							
箱盒内部检修							
扳动试验及测试							
结论							
建议处理意见							

2. ZYJ7 型道岔集中检修评价表如表 3-28 所示。

表 3-28　ZYJ7 型道岔集中检修评价表

<table>
<tr><td rowspan="3">基本信息</td><td>姓名</td><td colspan="2"></td><td>学号</td><td colspan="2"></td><td>班级</td><td></td><td>组别</td><td></td></tr>
<tr><td>角色</td><td colspan="6">主修人员□　辅修人员□　驻站联络员□　现场防护员□</td><td colspan="3"></td></tr>
<tr><td>规定时间</td><td colspan="2"></td><td>完成时间</td><td colspan="2"></td><td>考核日期</td><td></td><td>总评成绩</td><td></td></tr>
<tr><td rowspan="25">考核内容</td><td rowspan="2">序号</td><td colspan="6" rowspan="2">步骤</td><td colspan="2">完成情况</td><td rowspan="2">标准分</td><td rowspan="2">评分</td></tr>
<tr><td>完成</td><td>未完成</td></tr>
<tr><td>1</td><td colspan="6">作业前准备：
材料
工具、仪表
安全防护
登记联系</td><td></td><td></td><td>10</td><td></td></tr>
<tr><td>2</td><td rowspan="8">转辙机内部检修</td><td colspan="5">转辙机防尘、防水检查</td><td></td><td></td><td>2</td><td></td></tr>
<tr><td>3</td><td colspan="5">遮断开关通断检查</td><td></td><td></td><td>3</td><td></td></tr>
<tr><td>4</td><td colspan="5">机内部件滑动部位润滑检查</td><td></td><td></td><td>2</td><td></td></tr>
<tr><td>5</td><td colspan="5">油路系统漏油检查</td><td></td><td></td><td>3</td><td></td></tr>
<tr><td>6</td><td colspan="5">油标卡尺油量检查</td><td></td><td></td><td>5</td><td></td></tr>
<tr><td>7</td><td colspan="5">电动机内部各螺钉紧固检查</td><td></td><td></td><td>5</td><td></td></tr>
<tr><td>8</td><td colspan="5">接点组检查</td><td></td><td></td><td>2</td><td></td></tr>
<tr><td>9</td><td colspan="5">电动机内部异物检查及清扫</td><td></td><td></td><td>3</td><td></td></tr>
<tr><td>10</td><td rowspan="4">外锁闭及安装装置检修</td><td colspan="5">外锁闭及安装装置螺钉紧固检查</td><td></td><td></td><td>5</td><td></td></tr>
<tr><td>11</td><td colspan="5">锁勾、锁闭铁、锁闭框检查</td><td></td><td></td><td>5</td><td></td></tr>
<tr><td>12</td><td colspan="5">开口检查测试</td><td></td><td></td><td>2</td><td></td></tr>
<tr><td>13</td><td colspan="5">锁闭量检查测试</td><td></td><td></td><td>3</td><td></td></tr>
<tr><td>14</td><td rowspan="2">道岔状况动态检查</td><td colspan="5">道岔密贴、顶铁、爬行、掉板检查，注意检查有无肥边和顶铁顶住情况</td><td></td><td></td><td>5</td><td></td></tr>
<tr><td>15</td><td colspan="5">方正检查</td><td></td><td></td><td>5</td><td></td></tr>
<tr><td>16</td><td rowspan="2">箱盒内部检修</td><td colspan="5">箱盒内部防尘、防潮检查及清扫</td><td></td><td></td><td>2</td><td></td></tr>
<tr><td>17</td><td colspan="5">箱盒内部螺钉紧固及配线检查，图物相符检查，二极管无过热现象</td><td></td><td></td><td>3</td><td></td></tr>
<tr><td>18</td><td rowspan="4">扳动试验及测试</td><td colspan="5">测试溢流压力（拉力年测）</td><td></td><td></td><td>2</td><td></td></tr>
<tr><td>19</td><td colspan="5">4mm 试验、6mm 试验、5/10mm 试验</td><td></td><td></td><td>3</td><td></td></tr>
<tr><td>20</td><td colspan="5">缺口检查</td><td></td><td></td><td>5</td><td></td></tr>
<tr><td>21</td><td colspan="5">安装装置绝缘测试</td><td></td><td></td><td>2</td><td></td></tr>
<tr><td>22</td><td colspan="5">核对道岔位置</td><td></td><td></td><td>3</td><td></td></tr>
<tr><td>23</td><td>销记汇报</td><td colspan="5">销记、设备加锁、待修问题记录，班后小结</td><td></td><td></td><td>5</td><td></td></tr>
<tr><td colspan="2">7S 管理</td><td colspan="6">整理、整顿、清扫、清洁、素养、安全、节约</td><td></td><td></td><td>10</td><td></td></tr>
<tr><td colspan="8">团队协作</td><td colspan="2"></td><td>5</td><td></td></tr>
<tr><td colspan="8">工单填写</td><td colspan="2"></td><td>5</td><td></td></tr>
<tr><td colspan="11">教师评语</td></tr>
</table>

任务十四　ZDJ9 型道岔集中检修

1. ZDJ9 型道岔集中检修作业表如表 3-29 所示。

表 3-29　ZDJ9 型道岔集中检修作业表

姓名		班级		学号		组别	
道岔名称			转辙机类型		作业日期		
检修项目				检修结果			
箱盒外部检查	检查箱盒安装、加封加锁、螺栓紧固、电缆防护、外观异状等方面						
转辙机外部检查	检查外观异状、加封加锁、螺栓紧固、检测杆表示缺口等方面						
安装装置检查	检查安装装置各部位杆件、开口销、连接销等安装参数符合标准						
内锁闭装置检查	检查锁闭装置各组成部分安装情况、动作情况、清洁油润等方面						
道岔状况检查	检查道岔外观、夹异物、密贴、方正、滑床板空吊、尖轨异状等方面						
转辙机内部检查	检查转辙机内部各组成部分安装情况、动作情况及参数、清洁等方面						
箱盒内部检查	检查箱盒内部清洁、防水和防尘、螺栓及接线端子紧固、器材安装、检修图纸保存等情况						
道岔试验	包括扳动试验、开口检查、2mm/4mm 锁闭试验、断相保护试验、道岔位置确认等						
结论							
建议处理意见							

2. ZDJ9 型道岔集中检修评价表如表 3-30 所示。

表 3-30　ZDJ9 型道岔集中检修评价表

基本信息	姓名		学号		班级		组别	
	角色	主修人员□　辅修人员□　驻站联络员□　现场防护员□							
	规定时间		完成时间		考核日期		总评成绩	

	序号	步骤	完成情况		标准分	评分
			完成	未完成		
考核内容	1	作业前准备： 材料 工具、仪表 安全防护 登记联系			5	
	2	箱盒外部检查			5	
		箱盒安装牢固、无破损、变形，托板、加锁装置良好，各类锁具无锈蚀，开启顺畅				
		各部螺栓紧固、无锈蚀、油润良好				
		电缆防护良好，引入、引出口无小角度弯折，蛇管无损伤				
	3	转辙机外部检查			10	
		转辙机外部无破损，加锁装置良好，机盖开启顺畅，标识清晰正确				
		各部螺栓紧固、油润良好				
		转辙机检测杆表示缺口指示良好				
	4	安装装置检查			10	
		安装装置各部杆件、开口销（劈开角度在 60°～120°之间）、连接销良好				
		各种杆件螺纹部分调整余量不小于 10mm				
		表示杆销旷动量不大于 0.5mm，其他不大于 1mm				
		轨底各种杆件距轨底应大于 10mm				
	5	内锁闭装置检查			10	
		前后表示杆平直、无弯曲；正常动作中，锁闭柱能顺利落入表示杆的锁闭缺口内，无卡阻；内表示杆清洁滑润，表面无异物				
		动作板、动作杆等活动部分动作灵活、无卡阻；锁闭铁无旷动、无变形，正常操动无移位；各固定螺母和螺钉紧固、齐全、无损伤				
		电动机减速器输出轴转动灵活；滚珠丝杠安装良好，横向、纵向无旷动；推板套与丝杠配合良好，与机座的侧滑动面、底滑动面进行注油油润				
	6	道岔状况检查			10	
		设备无干扰和异状，尖轨和基本轨间无异物				
		道岔密贴良好				
		道岔安装方正，锁闭杆、表示杆与直股基本轨相垂直，转辙机和道岔动作杆与基本轨垂直				
		道床板无吊板，尖轨尖端无抬头，尖轨根部无错牙				

续表

基本信息	姓名		学号		班级		组别	
	角色	主修人员□ 辅修人员□ 驻站联络员□ 现场防护员□					
	规定时间		完成时间		考核日期		总评成绩	

考核内容	序号	步骤		完成情况		标准分	评分
				完成	未完成		
	7	转辙机内部检查	安全开关组：检查安全接点安装牢固，接点接触良好，接触深度不小于4mm；当手动开关接通时，挡住手摇把插入孔的连扳必须阻止手摇把插入手摇轴；锁体杆件动作灵活；不拨动管制肘，接点不得重新接触			10	
			配线及插接端子：接线端子无松动，螺母垫圈齐全；线把整齐、美观；插接件安装紧固，接触良好				
			挤脱器：正常操动时挤脱柱及锁闭铁不应窜动，挤脱柱侧面固定螺钉用扳手紧固				
			接点组：动接点片与静接点片接触均匀，动、静接点无明显磨耗，接点环干净无污点				
			自动开闭器：检查动接点打入静接点深度不小于4mm，距离静接点座不小于2mm，用手扳动静接点，其旷动量不大于3mm；检查动接点环低于静接点片，但静接点不得被动接点座圆柱台撑开；拉簧作用良好，在动作杆和表示杆正常出入条件下，动接点能在静接点组迅速转接，并带动锁闭柱顺利上升或落下				
	8	箱盒内部检查	内部螺钉紧固，配线良好、接点片及接线端子连接牢固、绝缘无损伤，焊点焊接良好，接线端子处需双螺母固定			10	
			器材安装正确，类型正确，无过热现象				
			箱盒内部清洁，防尘、防水良好				
			箱盒内图纸、资料保存完好				
	9	道岔试验	道岔扳动时各部动作灵活、稳定，无卡阻，无异声			10	
			道岔两边开口一致，误差在±3mm以内				
			道岔试验2mm锁闭，4mm不得锁闭				
			断相保护试验正常				
			确认道岔位置，设备加锁				
	10	销记汇报	销记、汇报			5	
7S管理	整理、整顿、清扫、清洁、素养、安全、节约						10	
团队协作							5	
工单填写							5	
教师评语							

任务十五　ZDJ9 型道岔电气特性测试

1. ZDJ9 道岔控制电路图如图 3-6 所示。

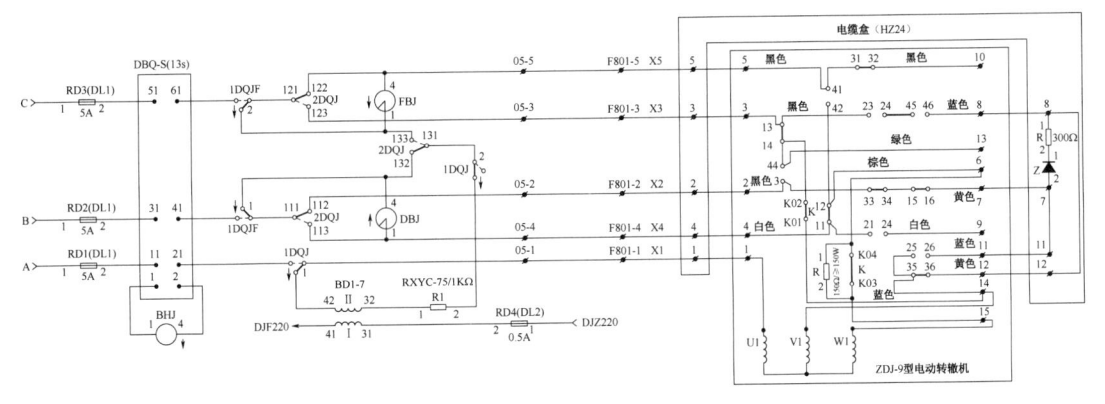

图 3-6　ZDJ9 道岔控制电路图

2. ZDJ9 道岔控制电缆路径图如图 3-7 所示。

分线盘		HZ4-24-1		转辙机ZDJ9	
F-801-1	X1	1	I-1	X1	1
F-801-2	X2	2	I-2	X2	2
F-801-3	X3	3	I-3	X3	3
F-801-4	X4	4	I-4	X4	4
F-801-5	X5	5	II-1	X5	5

图 3-7　ZDJ9 道岔控制电缆路径图

3. ZDJ9 型道岔电气特性测试作业表如表 3-31 所示。

表 3-31　ZDJ9 型道岔电气特性测试作业表

姓名		班级		学号		组别	
道岔名称		转辙机类型			测试日期		
测试项目			测试结果					
DBJ 电路电气特性测试	动作电压	AB（DBQ-S 的 11、31）					
		BC（DBQ-S 的 31、51）					
		AC（DBQ-S 的 11、51）					
	BD1-7 表示变压器电压	一次侧					
		二次侧					
	分线盘	交流	X1、X2				
			X4、X2				
		直流	X1（+）、X2（−）				
			X4（+）、X2（−）				

续表

姓名			班级		学号		组别	
道岔名称			转辙机类型			测试日期		
测试项目				测试结果				
DBJ 电路电气特性测试	电缆盒	交流	1、2					
^	^	^	4、2					
^	^	直流	1（+）、2（-）					
^	^	^	4（+）、2（-）					
^	转辙机内部	交流	1、2					
^	^	^	4、2					
^	^	直流	1（+）、2（-）					
^	^	^	4（+）、2（-）					
^	DBJ1-4		1（+）、4（-）线圈					
FBJ 电路电气特性测试	分线盘	交流	X3、X1					
^	^	^	X3、X5					
^	^	直流	X3（+）、X1（-）					
^	^	^	X3（+）、X5（-）					
^	电缆盒	交流	3、1					
^	^	^	3、5					
^	^	直流	3（+）、1（-）					
^	^	^	3（+）、5（-）					
^	转辙机内部	交流	3、1					
^	^	^	3、5					
^	^	直流	3（+）、1（-）					
^	^	^	3（+）、5（-）					
^	FBJ1-4		1（+）、4（-）线圈					
2mm 锁闭、4mm 不锁闭试验	2mm	左位	锁闭					
^	^	右位	^					
^	4mm	左位	不锁闭					
^	^	右位	^					
道岔安装装置绝缘检查								
结论								
建议处理意见								

4．ZDJ9 型道岔电气特性测试评价表如表 3-32 所示。

表 3-32　ZDJ9 型道岔电气特性测试评价表

<table>
<tr><td rowspan="3">基本信息</td><td>姓名</td><td colspan="2"></td><td>学号</td><td colspan="2"></td><td>班级</td><td></td><td>组别</td><td></td></tr>
<tr><td>角色</td><td colspan="5">主修人员□　辅修人员□　驻站联络员□　现场防护员□</td><td colspan="4"></td></tr>
<tr><td>规定时间</td><td colspan="2"></td><td>完成时间</td><td colspan="2"></td><td>考核日期</td><td></td><td>总评成绩</td><td></td></tr>
<tr><td rowspan="8">考核内容</td><td rowspan="2">序号</td><td colspan="4" rowspan="2">步骤</td><td colspan="3">完成情况</td><td rowspan="2">标准分</td><td rowspan="2">评分</td></tr>
<tr><td colspan="2">完成</td><td>未完成</td></tr>
<tr><td>1</td><td colspan="4">作业前准备：
材料
工具、仪表
安全防护
登记联系</td><td colspan="2"></td><td></td><td>10</td><td></td></tr>
<tr><td>2</td><td colspan="2">工具、仪表使用</td><td colspan="2">正确使用工具、仪表</td><td colspan="2"></td><td></td><td>15</td><td></td></tr>
<tr><td>3</td><td colspan="2">测量方法运用</td><td colspan="2">（1）单独操纵道岔至定位，进行 DBJ 电路电气特性测试
（2）单独操纵道岔至反位，进行 FBJ 电路电气特性测试
（3）在进行 2mm 锁闭、4mm 不锁闭试验时，2mm/4mm 锁闭铁块放置位置正确</td><td colspan="2"></td><td></td><td>15</td><td></td></tr>
<tr><td>4</td><td colspan="2">室内、外测量</td><td colspan="2">正确识图，测量位置正确</td><td colspan="2"></td><td></td><td>15</td><td></td></tr>
<tr><td>5</td><td colspan="2">测试结果</td><td colspan="2">完成测试项目，正确填写测试数据</td><td colspan="2"></td><td></td><td>15</td><td></td></tr>
<tr><td>6</td><td colspan="2">销记汇报</td><td colspan="2">销记、汇报</td><td colspan="2"></td><td></td><td>10</td><td></td></tr>
<tr><td colspan="2">7S 管理</td><td colspan="5">整理、整顿、清扫、清洁、素养、安全、节约</td><td colspan="2"></td><td>10</td><td></td></tr>
<tr><td colspan="2">团队协作</td><td colspan="7"></td><td>5</td><td></td></tr>
<tr><td colspan="2">工单填写</td><td colspan="7"></td><td>5</td><td></td></tr>
<tr><td colspan="2">教师评语</td><td colspan="8"></td></tr>
</table>

任务十六　50Hz 微电子相敏轨道电路集中检修

1．50Hz 微电子相敏轨道电路集中检修作业表如表 3-33 所示。

表 3-33　50Hz 微电子相敏轨道电路集中检修作业表

姓名		班级		学号		组别	
轨道区段名称			轨道电路类型			作业日期	
检修项目			检修结果				
送电端、受电端箱盒外部检修	检查箱盒外观、加锁情况、基础安装、螺栓紧固及油润等方面						
送电端、受电端引接线检查	检查引接线安装及固定情况和相关参数、绝缘防护等方面						
轨道电路通路检查	检查钢轨绝缘及相关参数、道岔跳线和接续线焊接安装情况、轨距杆绝缘安装情况						
送电端、受电端箱盒内部检查	检查箱盒内部清洁、防水防尘、螺栓及接线端子紧固、器材安装、配线绑扎、断路器或熔断器功能、检修图纸保存等方面						
室外设备电气特性测试	测试送、受电端变压器电压、限流器电压、轨面电压、分路残压、轨道绝缘等内容						
室内设备电气特性测试	室内轨道电路分线盘处测试输入电压（调相防雷器输入电压）						
结论							
建议处理意见							

2．50Hz 微电子相敏轨道电路集中检修评价表如表 3-34 所示。

表 3-34　50Hz 微电子相敏轨道电路集中检修评价表

<table>
<tr><td rowspan="3">基本信息</td><td>姓名</td><td></td><td>学号</td><td></td><td>班级</td><td></td><td>组别</td><td></td></tr>
<tr><td>角色</td><td colspan="5">主修人员□　辅修人员□　驻站联络员□　现场防护员□</td><td></td><td></td></tr>
<tr><td>规定时间</td><td></td><td>完成时间</td><td></td><td>考核日期</td><td></td><td>总评成绩</td><td></td></tr>
<tr><td rowspan="18">考核内容</td><td rowspan="2">序号</td><td rowspan="2" colspan="2"></td><td rowspan="2" colspan="2">步骤</td><td colspan="2">完成情况</td><td rowspan="2">标准分</td><td rowspan="2">评分</td></tr>
<tr><td>完成</td><td>未完成</td></tr>
<tr><td>1</td><td colspan="4">作业前准备：
材料
工具、仪表
安全防护
登记联系</td><td></td><td></td><td>10</td><td></td></tr>
<tr><td rowspan="3">2</td><td rowspan="3" colspan="2">送电端、受电端箱盒外部检修</td><td colspan="2">箱盒无破损，加锁良好、号码清楚、正确</td><td rowspan="3"></td><td rowspan="3"></td><td rowspan="3">10</td><td rowspan="3"></td></tr>
<tr><td colspan="2">基础不倾斜，箱盒距离地面不少于 150mm，排水良好</td></tr>
<tr><td colspan="2">各部螺栓油润、紧固，满帽</td></tr>
<tr><td rowspan="4">3</td><td rowspan="4" colspan="2">送电端、受电端引接线检查</td><td colspan="2">引接线应固定在枕木等其他设备上，不得埋在土或石渣中，油润良好，不锈蚀，断股不得超过 1/5</td><td rowspan="4"></td><td rowspan="4"></td><td rowspan="4">15</td><td rowspan="4"></td></tr>
<tr><td colspan="2">引接线处不得有防爬器和轨距杆等。穿越钢轨时，距离轨底大于 30mm，并用绝缘防护</td></tr>
<tr><td colspan="2">引接线两端固定良好，不松动</td></tr>
<tr><td colspan="2">引接线钢轨一侧塞钉打入钢轨深度最少与轨腰平，露出长度不超过 5mm，塞钉与孔要全面接触，并涂油漆封闭</td></tr>
<tr><td rowspan="5">4</td><td rowspan="5" colspan="2">轨道电路通路检查</td><td colspan="2">钢轨绝缘应做到钢轨、槽形绝缘、鱼尾板相吻合，绝缘安装应与钢轨接头保持平直；道钉、扣件不得碰绝缘鱼尾板</td><td rowspan="5"></td><td rowspan="5"></td><td rowspan="5">15</td><td rowspan="5"></td></tr>
<tr><td colspan="2">装有绝缘处的钢轨轨缝 6~10mm，钢轨两边头部保持水平，高低差不大于 2mm；绝缘处枕木保持坚固，道床捣固良好</td></tr>
<tr><td colspan="2">焊接式接续线及道岔跳线两端焊接牢固，并采用双套，用绝缘套管防护</td></tr>
<tr><td colspan="2">接续线穿越钢轨时，距离轨底应大于 30mm，并用绝缘防护</td></tr>
<tr><td colspan="2">轨距杆绝缘外观检查，安装良好</td></tr>
<tr><td rowspan="7">5</td><td rowspan="7" colspan="2">送电端、受电端箱盒内部检查</td><td colspan="2">箱盒内部整洁，防尘、防潮设施良好，铭牌齐全、正确，字迹清楚</td><td rowspan="7"></td><td rowspan="7"></td><td rowspan="7">15</td><td rowspan="7"></td></tr>
<tr><td colspan="2">箱盒内部螺钉紧固，螺母垫片齐全</td></tr>
<tr><td colspan="2">器材类型正确不超期，固定良好</td></tr>
<tr><td colspan="2">配线整齐，绑扎牢固，无破皮老化</td></tr>
<tr><td colspan="2">轨道电路限流电阻辅助线、片作用良好，电阻阻值符合规定</td></tr>
<tr><td colspan="2">断路器或熔断器功能良好</td></tr>
<tr><td colspan="2">图纸、资料保存完好，图物相符，无涂改</td></tr>
</table>

续表

基本信息	姓名		学号		班级		组别	
	角色	主修人员□ 辅修人员□ 驻站联络员□ 现场防护员□					
	规定时间		完成时间		考核日期		总评成绩	

考核内容	序号	步骤		完成情况		标准分	评分
				完成	未完成		
	6	室外设备电气特性测试	送电端电源变压器一次、二次端电压：一次正常的电压范围为213~217V；二次正常，其中一送一受正常为4~5.5V，一送二受正常为7~8.5V			15	
			送电端限流器电压：一送一受为2~2.5V，一送二受为4~5.5V，可允许左右浮动				
			送电端轨面电压为2~3V，可允许左右浮动				
			送电端轨道绝缘检查，绝缘性能良好				
			送电端分路残压测试，正常残压值应符合要求				
			受电端电源变压器一次、二次端电压：一次为0.2~0.35V，二次为17~19V				
			受电端限流器电压为2~3V，可允许左右浮动				
			受电端轨面电压为2~3V，可允许左右浮动				
			受电端轨道绝缘检查				
			受电端分路残压测试，正常残压值应符合要求				
	7	室内设备电气特性测试	室内轨道电路分线盘处测试输入电压（调相防雷器输入电压），符合标准要求			5	
	8	销记汇报	销记、汇报			5	

7S管理	整理、整顿、清扫、清洁、素养、安全、节约			10	
团队协作				5	
工单填写				5	

教师评语	

任务十七　50Hz 微电子相敏轨道电路电气特性测试

1. 50Hz 微电子相敏轨道电路原理图如图 3-8 所示。

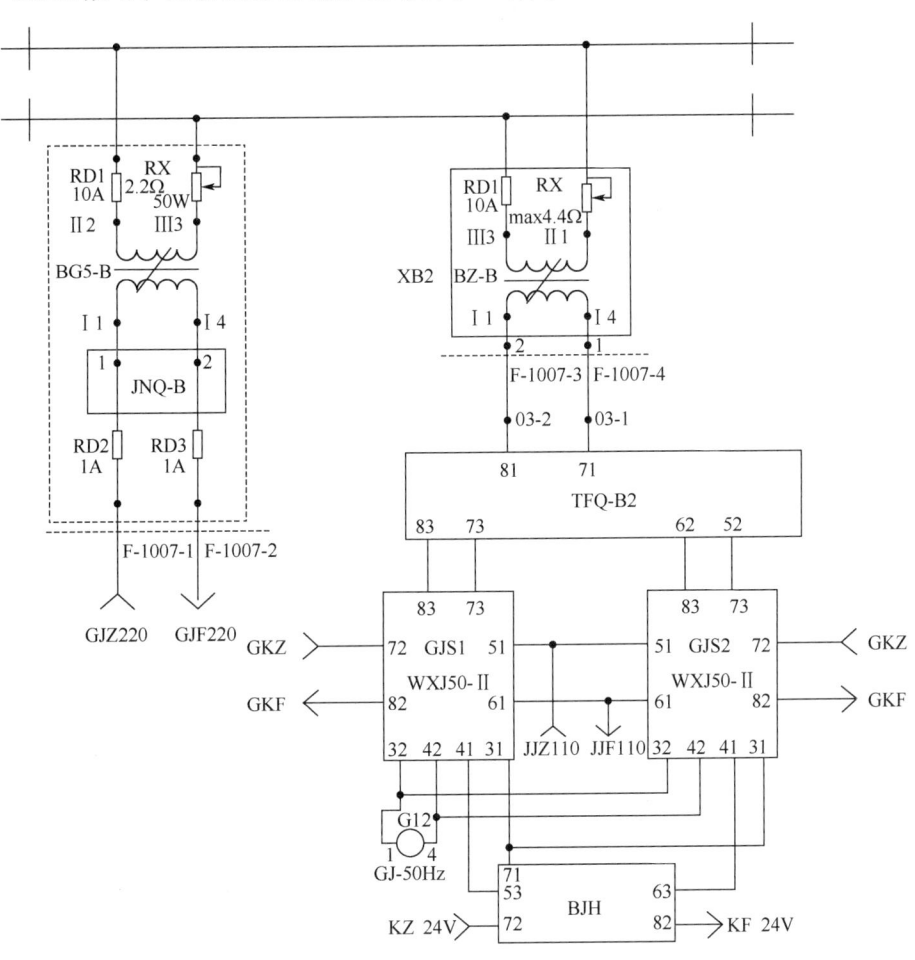

图 3-8　50Hz 微电子相敏轨道电路原理图

2. 50Hz 微电子相敏轨道电路电缆路径如图 3-9 所示。

分线盘	HF2-4-1	XB1	
F-1007-1	1	RD2	GZJ220
F-1007-2	2	RD3	GJF220
分线盘		XB2	
F-1007-3	23	Ⅱ1	
F-1007-4	24	Ⅱ4	

图 3-9　50Hz 微电子相敏轨道电路电缆路径

3. 50Hz 微电子相敏轨道电路电气特性测试作业表如表 3-35 所示。

表 3-35 50Hz 微电子相敏轨道电路电气特性测试作业表

姓名		班级		学号		组别	
设备名称			设备类型			测试日期	
测试项目					测试结果		
送电端	室内			分线盘			
^	室外			电缆盒（HF2-4-1）			
^	^			节能器 JNQ-B			
^	^	变压器 BG5-B		Ⅰ次侧			
^	^	^		Ⅱ次侧			
^	^			限流器电压			
^	^			轨面电压			
^	^			钢轨绝缘检查			
^	^			分路残压			
受电端	室外			轨面电压			
^	^			限流器电压			
^	^	变压器 BZ-B		Ⅰ次侧			
^	^	^		Ⅱ次侧			
^	^			钢轨绝缘检查			
^	^			分路残压			
^	^			电缆盒（HF2-4-1）			
^	室内			分线盘			
^	^	TFQ-2		输入（71、81）			
^	^	^		输出 1（73、83）			
^	^	^		输出 2（52、62）			
^	^	GJS1		输入 1（73、83）			
^	^	^		输入 2（72、82）			
^	^	^		输入 3（51、61）			
^	^	^		输出 1（32、42）			
^	^	相位角		TFQ-2 的 71、81			
^	^	^		GJS1 的 51、61			
^	^	GJS2		输入 1（73、83）			
^	^	^		输入 2（72、82）			
^	^	^		输入 3（51、61）			
^	^	^		输出 1（32、42）			
^	^	相位角		TFQ-2 的 71、81			
^	^	^		GJS2 的 51、61			
^	^			轨道继电器 GJ			
结论							
建议处理意见							

4. 50Hz微电子相敏轨道电路电气特性测试评价表如表3-36所示。

表3-36　50Hz微电子相敏轨道电路电气特性测试评价表

<table>
<tr><td rowspan="3">基本信息</td><td>姓名</td><td colspan="2"></td><td>学号</td><td colspan="2"></td><td>班级</td><td></td><td>组别</td><td></td></tr>
<tr><td>角色</td><td colspan="6">主修人员□　辅修人员□　驻站联络员□　现场防护员□</td><td colspan="3"></td></tr>
<tr><td>规定时间</td><td colspan="2"></td><td>完成时间</td><td colspan="2"></td><td>考核日期</td><td></td><td>总评成绩</td><td></td></tr>
<tr><td rowspan="8">考核内容</td><td>序号</td><td colspan="4" rowspan="2">步骤</td><td colspan="3">完成情况</td><td rowspan="2">标准分</td><td rowspan="2">评分</td></tr>
<tr><td colspan="2">完成</td><td>未完成</td></tr>
<tr><td>1</td><td colspan="4">作业前准备：
材料
工具、仪表
安全防护
登记联系</td><td colspan="3"></td><td>10</td><td></td></tr>
<tr><td>2</td><td colspan="2">工具、仪表使用</td><td colspan="2">正确使用工具、仪表</td><td colspan="3"></td><td>15</td><td></td></tr>
<tr><td>3</td><td colspan="2">测量方法运用</td><td colspan="2">（1）轨道绝缘测试：在轨道电路正常工作的情况下，应采用电压法对轨道绝缘情况进行初步判断
（2）分路残压测试：室外用0.15Ω的标准分路电阻线在轨道电路送、受电端轨面分路，在室内分线盘受电端测试电压，符合分路残压要求
（3）相位角测试：在采用CD96-32移频在线测试记录表测试相位角时，注意两对表棒的接法，测试数据符合相位角要求</td><td colspan="3"></td><td>15</td><td></td></tr>
<tr><td>4</td><td colspan="2">室内、外测量</td><td colspan="2">正确识图，测量位置正确</td><td colspan="3"></td><td>15</td><td></td></tr>
<tr><td>5</td><td colspan="2">测试结果</td><td colspan="2">完成测试项目，正确填写测试数据</td><td colspan="3"></td><td>15</td><td></td></tr>
<tr><td>6</td><td colspan="2">销记汇报</td><td colspan="2">销记、汇报</td><td colspan="3"></td><td>10</td><td></td></tr>
<tr><td colspan="2">7S管理</td><td colspan="3">整理、整顿、清扫、清洁、素养、安全、节约</td><td colspan="4"></td><td>10</td><td></td></tr>
<tr><td colspan="5">团队协作</td><td colspan="4"></td><td>5</td><td></td></tr>
<tr><td colspan="5">工单填写</td><td colspan="4"></td><td>5</td><td></td></tr>
<tr><td colspan="2">教师评语</td><td colspan="8"></td></tr>
</table>

任务十八　科安达-提芬巴赫 TAZ II 计轴系统集中检修

1. 科安达-提芬巴赫 TAZ II 计轴系统集中检修作业表如表 3-37 所示。

表 3-37　科安达-提芬巴赫 TAZ II 计轴系统集中检修作业表

姓名		班级		学号		组别	
设备名称			检修地点			作业日期	
检修项目			检修结果				
室内计轴机柜外部检查	检查机柜外观、供电电源、工作状态、连接状态、防雷等内容						
室外计轴磁头（车轮传感器）及电缆盒外观检查	检查磁头及电缆盒外观异状、安装情况、周边环境等内容						
室内计轴设备功能及电气特性测试	检查机柜内部各板卡组件安装情况、灯位、风扇工作状况及清洁，并进行继电器测试、电气测试及功能测试等内容						
室外计轴磁头（车轮传感器）专项测试及感应高度调整	进行磁头磁体专项测试及磁头感应高度调整等内容						
结论							
建议处理意见							

2. 科安达-提芬巴赫 TAZ Ⅱ 计轴系统集中检修评价表如表 3-38 所示。

表 3-38　科安达-提芬巴赫 TAZ Ⅱ 计轴系统集中检修评价表

<table>
<tr><td rowspan="3">基本信息</td><td>姓名</td><td colspan="2"></td><td>学号</td><td></td><td>班级</td><td></td><td>组别</td><td></td></tr>
<tr><td>角色</td><td colspan="6">主修人员□　辅修人员□　驻站联络员□　现场防护员□</td><td colspan="2"></td></tr>
<tr><td>规定时间</td><td colspan="2"></td><td>完成时间</td><td></td><td>考核日期</td><td></td><td>总评成绩</td><td></td></tr>
<tr><td rowspan="13">考核内容</td><td rowspan="2">序号</td><td colspan="2" rowspan="2"></td><td colspan="2" rowspan="2">步骤</td><td colspan="2">完成情况</td><td rowspan="2">标准分</td><td rowspan="2">评分</td></tr>
<tr><td>完成</td><td>未完成</td></tr>
<tr><td>1</td><td colspan="4">作业前准备：
材料
工具、仪表
安全防护
登记联系</td><td></td><td></td><td>10</td><td></td></tr>
<tr><td rowspan="4">2</td><td colspan="2" rowspan="4">室内计轴机柜外部检查</td><td colspan="2">外观无划痕或刮痕，卫生清洁良好，开关或按钮位置状态正确，风扇无异响且工作正常，机柜竖直、无倾斜、无下陷，前后门开关良好，地线齐全，接地良好</td><td></td><td></td><td rowspan="4">5</td><td rowspan="4"></td></tr>
<tr><td colspan="2">电源指示灯正常</td><td></td><td></td></tr>
<tr><td colspan="2">运行状态正常，无异常告警，时钟正确，各设备指示灯显示正确</td><td></td><td></td></tr>
<tr><td colspan="2">线缆、组合采集模块连接牢固无松动、铭牌标志清晰</td><td></td><td></td></tr>
<tr><td>防雷模块无跳红现象</td><td></td><td></td><td></td><td></td></tr>
<tr><td>3</td><td colspan="2">室外计轴磁头（车轮传感器）及电缆盒外观检查</td><td colspan="2">清洁车轮传感器周边 500mm 范围内杂物；检查磁头紧固件完好性；检查箱盒安装牢固，箱盒连线无松脱，且连接牢固，标识标签清晰、无积水和积灰</td><td></td><td></td><td>10</td><td></td></tr>
<tr><td rowspan="4">4</td><td colspan="2" rowspan="4">室内计轴设备功能及电气特性测试</td><td colspan="2">各板卡安装牢固、无松动，指示灯灯位正常；检查计轴机柜背面配线牢固、无松动；风扇工作正常、无异响，清洁风扇</td><td></td><td></td><td rowspan="4">10</td><td rowspan="4"></td></tr>
<tr><td colspan="2">HMI 上操作计轴复位后，YFWJ 继电器处于吸起状态</td><td></td><td></td></tr>
<tr><td colspan="2">用万用表测量电源板 SV25，SV26 输出电压，测量计轴主机的输入电压，测量电源模块的输出电压；符合设计及设备标准</td><td></td><td></td></tr>
<tr><td colspan="2">人工对该联锁区内区段的车轮传感器进行模拟划轴，检验该区段计轴电路有关板卡工作性能、与联锁接口功能、复位功能等，符合设计及设备标准</td><td></td><td></td></tr>
</table>

续表

基本信息	姓名		学号		班级		组别	
	角色	主修人员□　辅修人员□　驻站联络员□　现场防护员□						
	规定时间		完成时间		考核日期		总评成绩	

考核内容	序号	步骤		完成情况		标准分	评分
				完成	未完成		
	5	室外计轴磁头（车轮传感器）专项测试及感应高度调整	校紧传感器紧固螺钉，加防锈润滑油；用测量规 SAHL2 测量传感器安装高度（标准：45±2mm）；用万用表测量车轮传感器空闲/占用电压（指标：空闲 5.3～8V；占用 8.5～10V）			10	
			用检测仪 R58/117/1，调整板 SSPV9 和调整装置 EW1 调整车轮传感器感应高度（标准：43.5±0.5mm）				
	6	销记汇报	销记、汇报			5	

7S管理	整理、整顿、清扫、清洁、素养、安全、节约		10	
团队协作			5	
工单填写			5	

教师评语	

任务十九　科安达-提芬巴赫 TAZ Ⅱ 计轴系统电气特性测试

1. 计轴系统结构如图 3-10 所示。

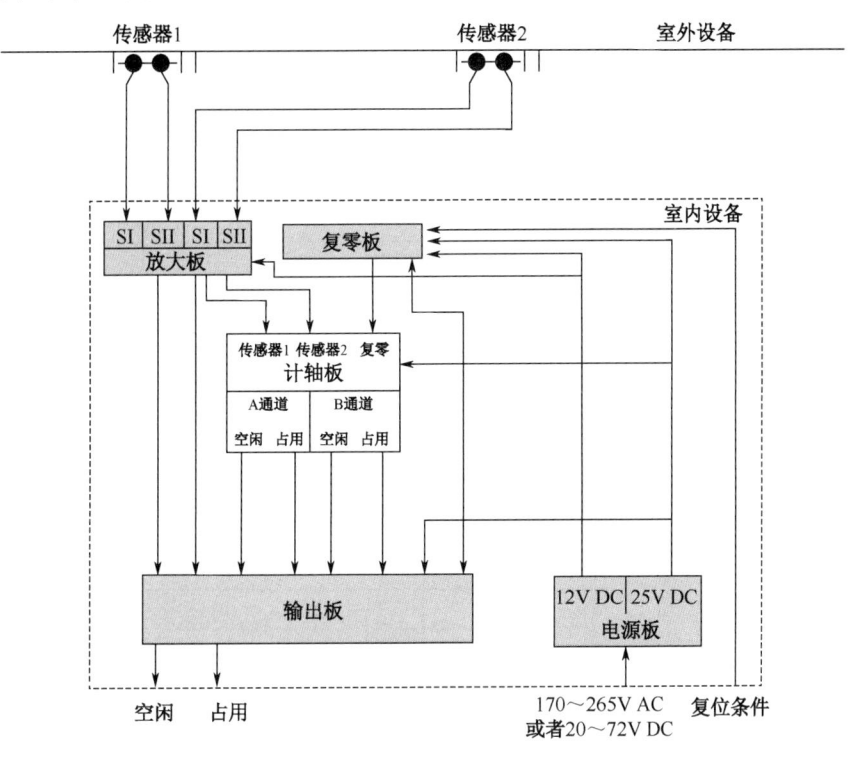

图 3-10　计轴系统结构

2. 计轴系统接口电路如图 3-11 所示。

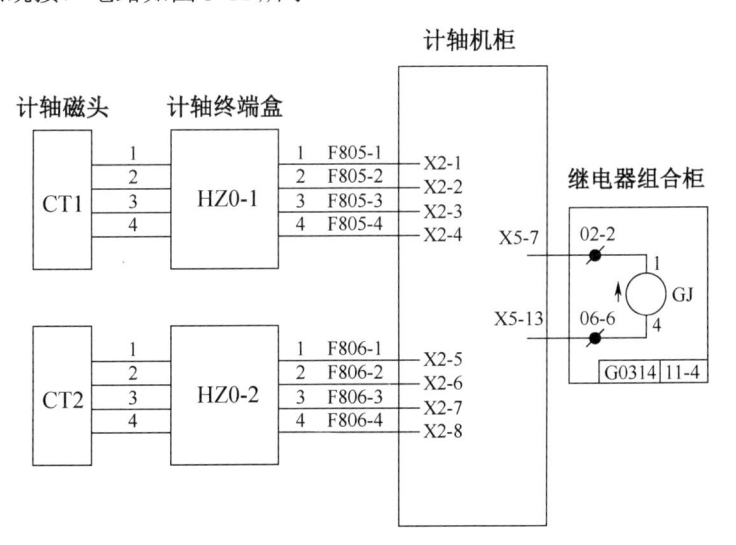

图 3-11　计轴系统接口电路

3. 科安达-提芬巴赫 TAZ II 计轴系统电气特性测试作业表如表 3-39 所示。

表 3-39　科安达-提芬巴赫 TAZ II 计轴系统电气特性测试作业表

姓名			班级		学号		组别	
设备名称				测试区段		测试日期		
测试项目					测试结果			
室外		DSS1 对应的计轴终端盒		1				
				2				
				3				
				4				
		DSS2 对应的计轴终端盒		1				
				2				
				3				
				4				
室内		分线盘		F805-1				
				F805-2				
				F805-3				
				F805-4				
				F806-1				
				F806-2				
				F806-3				
				F806-4				
		计轴机柜输入		X2-1				
				X2-2				
				X2-3				
				X2-4				
				X2-5				
				X2-6				
				X2-7				
				X2-8				
		计轴机柜输出		X5-7				
				X5-13				
		继电器室组合侧面						
		轨道继电器 GJ						
结论								
建议处理意见								

4. 科安达-提芬巴赫 TAZ II 计轴系统电气特性测试评价表如表 3-40 所示。

表 3-40　科安达-提芬巴赫 TAZ II 计轴系统电气特性测试评价表

<table>
<tr><td rowspan="3">基本信息</td><td>姓名</td><td colspan="2"></td><td>学号</td><td colspan="2"></td><td>班级</td><td></td><td>组别</td><td></td></tr>
<tr><td>角色</td><td colspan="6">主修人员□ 辅修人员□ 驻站联络员□ 现场防护员□</td><td colspan="3"></td></tr>
<tr><td>规定时间</td><td colspan="2"></td><td>完成时间</td><td colspan="2"></td><td>考核日期</td><td></td><td>总评成绩</td><td></td></tr>
<tr><td rowspan="7">考核内容</td><td rowspan="2">序号</td><td colspan="3" rowspan="2">步骤</td><td colspan="3">完成情况</td><td rowspan="2" colspan="2">标准分</td><td rowspan="2">评分</td></tr>
<tr><td colspan="2">完成</td><td>未完成</td></tr>
<tr><td>1</td><td colspan="3">作业前准备：
材料
工具、仪表
安全防护
登记联系</td><td colspan="3"></td><td colspan="2">10</td><td></td></tr>
<tr><td>2</td><td colspan="3">工具、仪表使用　　正确使用工具、仪表</td><td colspan="3"></td><td colspan="2">15</td><td></td></tr>
<tr><td>3</td><td colspan="3">测量方法运用　　（1）采用万用表的直流电压档进行各部电压测试
（2）占用状态测试：按列车运行方向，画轴板划至磁头上方并保持在磁头上方时测试</td><td colspan="3"></td><td colspan="2">15</td><td></td></tr>
<tr><td>4</td><td colspan="3">室内、外测量　　正确识图，测量位置正确</td><td colspan="3"></td><td colspan="2">15</td><td></td></tr>
<tr><td>5</td><td colspan="3">测试结果　　完成测试项目，正确填写测试数据</td><td colspan="3"></td><td colspan="2">15</td><td></td></tr>
<tr><td>6</td><td colspan="3">销记汇报　　销记、汇报</td><td colspan="3"></td><td colspan="2">10</td><td></td></tr>
<tr><td>7S管理</td><td colspan="4">整理、整顿、清扫、清洁、素养、安全、节约</td><td colspan="3"></td><td colspan="2">10</td><td></td></tr>
<tr><td colspan="5">团队协作</td><td colspan="3"></td><td colspan="2">5</td><td></td></tr>
<tr><td colspan="5">工单填写</td><td colspan="3"></td><td colspan="2">5</td><td></td></tr>
<tr><td colspan="10">教师评语</td></tr>
</table>

任务二十　透镜式色灯信号机集中检修

1. 透镜式色灯信号机集中检修作业表如表 3-41 所示。

表 3-41　透镜式色灯信号机集中检修作业表

姓名		班级		学号		组别	
信号机名称				检修日期			
检修项目	检修结果						
设备外观及信号显示检查	
机构及箱盒内部检修	
转换试验	
结论	
建议处理意见	

2．透镜式色灯信号机集中检修评价表如表 3-42 所示。

表 3-42　透镜式色灯信号机集中检修评价表

<table>
<tr><td rowspan="4">基本信息</td><td colspan="2">姓名</td><td colspan="2">学号</td><td colspan="2">班级</td><td>组别</td><td></td></tr>
<tr><td colspan="2">角色</td><td colspan="5">主修人员□　辅修人员□　驻站联络员□　现场防护员□</td></tr>
<tr><td colspan="2">规定时间</td><td colspan="2">完成时间</td><td colspan="2">考核日期</td><td>总评成绩</td><td></td></tr>
<tr><td colspan="2" rowspan="2">序号</td><td colspan="3" rowspan="2">步骤</td><td colspan="2">完成情况</td><td rowspan="2">标准分</td><td rowspan="2">评分</td></tr>
<tr><td>完成</td><td>未完成</td></tr>
<tr><td rowspan="19">考核内容</td><td colspan="2">1</td><td colspan="3">作业前准备：
材料
工具、仪表
安全防护
登记联系</td><td></td><td></td><td>10</td><td></td></tr>
<tr><td>2</td><td rowspan="6">设备外观及信号显示检查</td><td colspan="3">设备无外界干扰</td><td></td><td></td><td>2</td><td></td></tr>
<tr><td>3</td><td colspan="3">基础、机柱、机构安装牢固</td><td></td><td></td><td>3</td><td></td></tr>
<tr><td>4</td><td colspan="3">信号机安装柱不倾斜，无裂纹；信号机任何部分不侵入限界</td><td></td><td></td><td>5</td><td></td></tr>
<tr><td>5</td><td colspan="3">箱盒、机构、蛇管无损伤，开口销齐全，螺钉紧固，各部加锁良好</td><td></td><td></td><td>5</td><td></td></tr>
<tr><td>6</td><td colspan="3">设备名称清晰正确</td><td></td><td></td><td>5</td><td></td></tr>
<tr><td>7</td><td colspan="3">信号机显示距离符合规定</td><td></td><td></td><td>5</td><td></td></tr>
<tr><td>8</td><td rowspan="9">机构及箱盒内部检修</td><td colspan="3">内部清洁、防尘、防水设施良好</td><td></td><td></td><td>2</td><td></td></tr>
<tr><td>9</td><td colspan="3">透镜安装牢固，无裂纹、破损和漏水现象</td><td></td><td></td><td>3</td><td></td></tr>
<tr><td>10</td><td colspan="3">灯座、灯口安装牢固不串动，弹片压力适中，接触良好</td><td></td><td></td><td>5</td><td></td></tr>
<tr><td>11</td><td colspan="3">各部螺钉紧固，螺母垫片齐全</td><td></td><td></td><td>5</td><td></td></tr>
<tr><td>12</td><td colspan="3">器材类型正确不超期，固定良好</td><td></td><td></td><td>5</td><td></td></tr>
<tr><td>13</td><td colspan="3">配线整齐，绑扎牢固，无破皮老化</td><td></td><td></td><td>5</td><td></td></tr>
<tr><td>14</td><td colspan="3">铭牌齐全、正确，字迹清楚</td><td></td><td></td><td>2</td><td></td></tr>
<tr><td>15</td><td colspan="3">图纸、资料保存完好，图物相符，无涂改</td><td></td><td></td><td>3</td><td></td></tr>
<tr><td>16</td><td colspan="3">备用灯泡有老化标记</td><td></td><td></td><td>5</td><td></td></tr>
<tr><td>17</td><td>转换试验</td><td colspan="3">主、副灯丝转换试验，有灯丝报警，报警良好</td><td></td><td></td><td>5</td><td></td></tr>
<tr><td>18</td><td rowspan="2">销记汇报</td><td colspan="3">更换灯泡后检查（或调整）信号显示距离</td><td></td><td></td><td>5</td><td></td></tr>
<tr><td>19</td><td colspan="3">销记、加锁</td><td></td><td></td><td>5</td><td></td></tr>
<tr><td colspan="2">7S管理</td><td colspan="2">整理、整顿、清扫、清洁、素养、安全、节约</td><td colspan="4"></td><td>10</td><td></td></tr>
<tr><td colspan="2">团队协作</td><td colspan="6"></td><td>5</td><td></td></tr>
<tr><td colspan="2">工单填写</td><td colspan="6"></td><td>5</td><td></td></tr>
<tr><td colspan="2">教师评语</td><td colspan="7"></td></tr>
</table>

任务二十一　LED 色灯信号机电气特性测试

1. LED 色灯信号机点灯电路如图 3-12 所示。

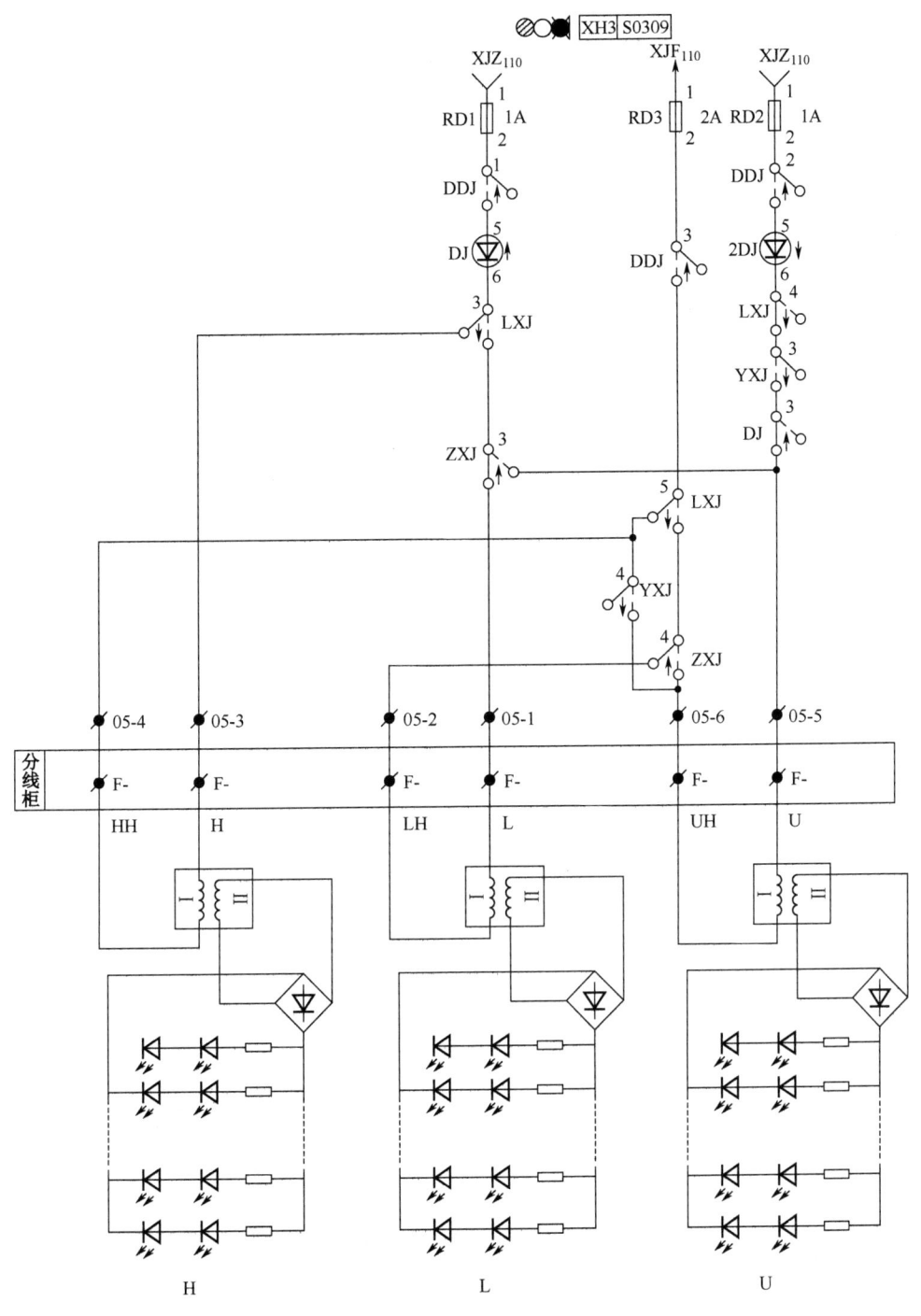

图 3-12　LED 色灯信号机点灯电路

2. LED 色灯信号机控制电路电缆路径如图 3-13。

分线盘		HF2-4-2		HZ4-24-2		三灯位信号机	
F-705-1	L	1	1	I-1	L	1	
F-705-2	LH	2	2	I-2	LH	3	
F-705-3	H	3	3	I-3	H	1	
F-705-4	HH	4	4	I-4	HH	3	
F-705-5	U	5	5	II-1	U	1	
F-705-6	UH	6	6	II-2	UH	3	

图 3-13　LED 色灯信号机控制电路电缆路径

3. LED 色灯信号机电气特性测试作业表如表 3-43 所示。

表 3-43　LED 色灯信号机电气特性测试作业表

姓名		班级		学号		组别		
设备名称			设备类型			测试日期		
测试项目					测试结果			
					H	L	U	
室内		组合侧面						
		分线盘						
室外		HF2-4-2						
		HZ4-24-2						
	变压器	一次侧电压（V）						
		一次侧电流（mA）						
		二次侧电压（V）						
	发光盘	LED 损坏　　是否超过 30％						
结论								
建议处理意见								

4. LED 色灯信号机电气特性测试评价表如表 3-44 所示。

表 3-44　LED 色灯信号机电气特性测试评价表

基本信息	姓名		学号		班级		组别	
	角色	主修人员□　辅修人员□　驻站联络员□　现场防护员□					
	规定时间		完成时间		考核日期		总评成绩	
考核内容	序号	步骤		完成情况		标准分	评分
				完成	未完成		
	1	作业前准备： 材料 工具、仪表 安全防护 登记联系				10	
	2	工具、仪表使用	正确使用工具、仪表			15	
	3	测量方法运用	（1）采用万用表的交流电压挡进行各部电压测试 （2）在 CBTC 系统故障的情况下完成 LED 色灯信号机点灯电路各部电压测试 （3）在控制台办理进路，LED 色灯信号机开放 L 或 U 灯时分别完成相应测试			15	
	4	室内、外测量	正确识图，测量位置正确			15	
	5	测试结果	完成测试项目，正确填写测试数据			15	
	6	销记汇报	销记、汇报			10	
7S 管理	整理、整顿、清扫、清洁、素养、安全、节约						10	
团队协作							5	
工单填写							5	
教师评语							

任务二十二　DS6-K5B 型计算机联锁系统计算机房设备集中检修

1. DS6-K5B 型计算机联锁系统计算机房设备集中检修作业表如表 3-45 所示。

表 3-45　DS6-K5B 型计算机联锁系统计算机房设备集中检修作业表

姓名		班级		学号		组别	
设备名称		作业地点			作业日期		
检修项目				检修结果			
监控柜（控显 A、B 机）检查	检查工控机工作状态、电源风扇散热、外端口加封、工控机背部线缆连接等内容						
联锁电源设备（直流稳压电源）检查	检查电源开关、报警开关、电源指示灯、液晶屏显示等方面						
联锁主机及输入输出机柜检查	检查电源板、CPU 板、通信板、ET-LINE 板，PIO 板等板卡指示灯状态						
电务维修机检查	检查电务维修机工作状态、风扇散热、加封加锁、内部线缆走线等内容，并调看电务维修机网络状态及报警信息						
控制台设备检查	询问车站值班员设备使用情况，检查主机及附属设备工作状态						
结论							
建议处理意见							

2. DS6-K5B 型计算机联锁系统计算机房设备集中检修评价表如表 3-46 所示。

表 3-46　DS6-K5B 型计算机联锁系统计算机房设备集中检修评价表

基本信息	姓名		学号		班级		组别	
	角色	主修人员□　辅修人员□　驻站联络员□　现场防护员□						
	规定时间		完成时间		考核日期		总评成绩	

考核内容	序号	步骤		完成情况		标准分	评分
				完成	未完成		
	1	作业前准备： 材料 工具、仪表 安全防护 登记联系				10	
	2	监控柜（控显 A、B 机）检查	工控机状态检查：前面板 PWR +3.3V、+12V、+5V、-5V、-12V、5VSB 亮绿灯，HDD 灯有数据读取时闪绿灯			15	
			工控机电源散热风扇工作状况良好、无异响				
			外部端口加封良好，未使用软驱、USB 加封良好、串口封堵（含备用线缆）				
			工控机背部线缆走线整齐平顺，端口插接紧固，无异味，备用线缆标识清楚，摆放整齐				
	3	联锁电源设备（直流稳压电源）检查	电源开关、报警开关处于开启状态，各直流稳压电源无声光报警			15	
			电源工作指示灯亮绿灯，故障灯灭灯				
			液晶屏能正确显示电压和电流的数值大小，各直流稳压电源面板指示的电压值应为 24~26V，两台逻辑 24V 电源的电流值之和应小于 28A				
	4	联锁主机及输入输出机柜检查	联锁逻辑部分检查。电源板 PW 指示灯点亮，F486 板 D7 灭灯表示系统运行正常；D7 亮灯表示系统停机。在 D7 灭灯的情况下，D0 亮灯表示本板为 1 系，D0 灭灯表示本板为 2 系；D1 亮灯表示本板为主机，D1 灭灯表示本板为从系；D2 亮灯表示两系不同步；D2 灭灯表示两系同步			15	
			检查 I/O 部分。ET-LINE 板、PIO 板指示灯：NORMAL 灯正常点亮，RXD 和 TXD 交替闪烁表示正常				

续表

基本信息	姓名		学号		班级		组别	
	角色	主修人员□ 辅修人员□ 驻站联络员□ 现场防护员□					
	规定时间		完成时间		考核日期		总评成绩	

考核内容	序号	步骤		完成情况		标准分	评分
				完成	未完成		
	5	电务维修机检查	电务维修机工作状态检查：工控机前面板 PWR +3.3V、+12V、+5V、-5V、-12V、5VSB 亮绿灯，HDD 灯有数据读取时闪绿灯			15	
			工控机显示器显示正常，无色偏、色差现象				
			工控机散热风扇工作良好、无异响				
			外部端口加封良好，未使用软驱、USB 加封良好、串口封堵（含备用线缆）				
			电务维修机通信拓扑图状态无红色显示，记录信息无异常				
			机柜内部线缆无松脱、机柜内部无异常响声及异味				
			检查维修机报警信息，如果有问题就及时处理或者上报				
	6	控制台设备检查	询问车站值班员控制台使用情况，如果有问题及时处理或者上报			10	
			检查控制台显示器显示是否良好，站场信息显示是否正常				
			检查控制台鼠标、键盘作用是否良好				
	7	销记汇报	销记、汇报			5	
7S管理	整理、整顿、清扫、清洁、素养、安全、节约						10	
团队协作							5	
工单填写							5	
教师评语							

任务二十三　DS6-K5B型计算机联锁系统继电器室设备集中检修

1. DS6-K5B型计算机联锁系统继电器室设备集中检修作业表如表3-47所示。

表3-47　DS6-K5B型计算机联锁系统继电器室设备集中检修作业表

姓名		班级		学号		组别	
设备名称			作业地点			作业日期	
检修项目							
组合柜（架）、分线柜外观检查		检查各器材安装情况、外部异状、配线整理、铭牌挂贴等内容					
机械室检查		检查图纸存放、电缆沟及走线架异状，防鼠、防尘、防火、措施，卫生清洁情况、照明等内容					
数据调看分析		查看微机监测或电务维修机，各监测数据符合参数标准					
各种器材检修、整修		检查继电器类型及接点状态、超期更换，检查各器材插接和安装情况，熔断器等器材图物一致、超期更换					
各配线检查、整修		走线架整理、防护检查，各处配线检查、整理，检查螺钉紧固情况					
试验与测试		包括报警设备检查试验、待检修的设备针对性测试及实验等内容					
结论							
建议处理意见							

2. DS6-K5B 型计算机联锁系统继电器室设备集中检修评价表如表 3-48 所示。

表 3-48 DS6-K5B 型计算机联锁系统继电器室设备集中检修评价表

<table>
<tr><td rowspan="4">基本信息</td><td>姓名</td><td colspan="2"></td><td>学号</td><td colspan="2"></td><td>班级</td><td></td><td>组别</td><td></td></tr>
<tr><td>角色</td><td colspan="6">主修人员□ 辅修人员□ 驻站联络员□ 现场防护员□</td><td></td><td></td></tr>
<tr><td>规定时间</td><td colspan="2"></td><td>完成时间</td><td colspan="2"></td><td>考核日期</td><td></td><td>总评成绩</td><td></td></tr>
<tr><td colspan="10"></td></tr>
<tr><td rowspan="20">考核内容</td><td rowspan="2">序号</td><td colspan="6" rowspan="2">步骤</td><td colspan="2">完成情况</td><td rowspan="2">标准分</td><td rowspan="2">评分</td></tr>
<tr><td>完成</td><td>未完成</td></tr>
<tr><td>1</td><td colspan="6">作业前准备：
材料
工具、仪表
安全防护
登记联系</td><td></td><td></td><td>10</td><td></td></tr>
<tr><td rowspan="4">2</td><td rowspan="4">组合柜（架）、分线柜外观检查</td><td colspan="5">各种器材安装牢固，插接良好，固定卡具无松脱</td><td></td><td></td><td rowspan="4">15</td><td></td></tr>
<tr><td colspan="5">各种器材外观良好，无过热及其他异常现象</td><td></td><td></td><td></td></tr>
<tr><td colspan="5">配线干净、整齐、绑扎良好</td><td></td><td></td><td></td></tr>
<tr><td colspan="5">标识铭牌齐全、正确，字迹清楚、无脱落</td><td></td><td></td><td></td></tr>
<tr><td rowspan="4">3</td><td rowspan="4">机械室检查</td><td colspan="5">图纸完好，摆放整齐</td><td></td><td></td><td rowspan="4">10</td><td></td></tr>
<tr><td colspan="5">电缆沟、走线架无异状，盖板完好</td><td></td><td></td><td></td></tr>
<tr><td colspan="5">防尘、防鼠、防火、防雷设施良好</td><td></td><td></td><td></td></tr>
<tr><td colspan="5">机械室卫生清洁，照明设施齐全良好</td><td></td><td></td><td></td></tr>
<tr><td>4</td><td>数据调看分析</td><td colspan="5">查看微机监测或电务维修机，各监测数据符合参数标准，如有异常及时处理或上报反馈</td><td></td><td></td><td>10</td><td></td></tr>
<tr><td rowspan="3">5</td><td rowspan="3">各种器材检修、整修</td><td colspan="5">逐台检查继电器类型正确、接点状态良好、鉴别销完整，更换超期设备</td><td></td><td></td><td rowspan="3">15</td><td></td></tr>
<tr><td colspan="5">逐台检查各种器材插接良好、安装牢固</td><td></td><td></td><td></td></tr>
<tr><td colspan="5">熔断器等器材容量、规格与图纸相符，有试验标记，接触良好，更换超期的器材</td><td></td><td></td><td></td></tr>
<tr><td rowspan="3">6</td><td rowspan="3">各配线检查、整修</td><td colspan="5">走线架整理、清扫，引线口防护良好</td><td></td><td></td><td rowspan="3">10</td><td></td></tr>
<tr><td colspan="5">各处配线整齐、清洁，无破皮、无接地；焊接线头良好，套管不脱落</td><td></td><td></td><td></td></tr>
<tr><td colspan="5">各种螺钉紧固，螺母垫片齐全</td><td></td><td></td><td></td></tr>
<tr><td rowspan="2">7</td><td rowspan="2">试验与测试</td><td colspan="5">报警设备试验正确、清晰、直观</td><td></td><td></td><td rowspan="2">10</td><td></td></tr>
<tr><td colspan="5">待检修的设备针对性测试及实验</td><td></td><td></td><td></td></tr>
<tr><td>8</td><td>销记汇报</td><td colspan="5">销记、汇报</td><td></td><td></td><td>5</td><td></td></tr>
<tr><td>7S 管理</td><td colspan="8">整理、整顿、清扫、清洁、素养、安全、节约</td><td>10</td><td></td></tr>
<tr><td colspan="9">团队协作</td><td>5</td><td></td></tr>
<tr><td colspan="9">工单填写</td><td>5</td><td></td></tr>
<tr><td colspan="10">教师评语</td></tr>
</table>

任务二十四　DS6-K5B 型计算机联锁系统故障处理（一）

1. DS6-K5B 型计算机联锁系统故障处理（一）作业表如表 3-49 所示。

表 3-49　DS6-K5B 型计算机联锁系统故障处理（一）作业表

姓名		班级		学号		组别	
故障发生地点		故障发生时间		故障处理用时			
控制台故障现象：S0309 信号复示器闪红灯							
作业内容	过程记录						
故障登记							
故障分析、判断							
故障处理							
销记							
结论							
建议处理意见							

2. DS6-K5B 型计算机联锁系统故障处理（一）评价表如表 3-50 所示。

表 3-50 DS6-K5B 型计算机联锁系统故障处理（一）评价表

<table>
<tr><td rowspan="3">基本信息</td><td>姓名</td><td colspan="2"></td><td>学号</td><td colspan="2"></td><td>班级</td><td></td><td>组别</td><td></td></tr>
<tr><td>角色</td><td colspan="5">主修人员□ 辅修人员□ 驻站联络员□ 现场防护员□</td><td></td><td></td><td></td></tr>
<tr><td>规定时间</td><td colspan="2"></td><td>完成时间</td><td colspan="2"></td><td>考核日期</td><td></td><td>总评成绩</td><td></td></tr>
<tr><td rowspan="11">考核内容</td><td rowspan="2">序号</td><td colspan="4" rowspan="2">步骤</td><td colspan="3">完成情况</td><td rowspan="2">标准分</td><td rowspan="2">评分</td></tr>
<tr><td colspan="2">完成</td><td>未完成</td></tr>
<tr><td>1</td><td colspan="4">作业前准备（计算机联锁图册等）：
材料
工具、仪表
安全防护
登记联系</td><td colspan="2"></td><td></td><td>5</td><td></td></tr>
<tr><td>2</td><td colspan="2">控制台故障现象分析</td><td colspan="2">根据故障现象，结合 S0309 信号复示器电路、信号机点灯电路和计算机联锁系统工作原理，分析故障的原因可能有哪些</td><td colspan="2"></td><td></td><td>15</td><td></td></tr>
<tr><td>3</td><td colspan="2">继电器室观察继电器动作</td><td colspan="2">准确观察继电器状态，缩小故障范围</td><td colspan="2"></td><td></td><td>5</td><td></td></tr>
<tr><td>4</td><td colspan="2">查看电务维修机数据</td><td colspan="2">根据电务维修机上采集信息或控制命令状态，缩小故障范围</td><td colspan="2"></td><td></td><td>5</td><td></td></tr>
<tr><td>5</td><td colspan="2">工具、仪表使用</td><td colspan="2">正确使用工具、仪表</td><td colspan="2"></td><td></td><td>5</td><td></td></tr>
<tr><td>6</td><td colspan="2">测量方法运用</td><td colspan="2">（1）正确运用借"正"找"负"或借"负"找"正"方法、快速查找方法
（2）如果是采集信息输入通道故障或控制命令输出通道故障，正确借用 IOF 电源</td><td colspan="2"></td><td></td><td>10</td><td></td></tr>
<tr><td>7</td><td colspan="2">室内、外测量</td><td colspan="2">正确识图，测量位置正确</td><td colspan="2"></td><td></td><td>20</td><td></td></tr>
<tr><td>8</td><td colspan="2">故障点查找</td><td colspan="2">找出故障点并恢复设备正常使用</td><td colspan="2"></td><td></td><td>10</td><td></td></tr>
<tr><td>9</td><td colspan="2">销记汇报</td><td colspan="2">销记、汇报</td><td colspan="2"></td><td></td><td>5</td><td></td></tr>
<tr><td>7S 管理</td><td colspan="3">整理、整顿、清扫、清洁、素养、安全、节约</td><td colspan="4"></td><td>10</td><td></td></tr>
<tr><td colspan="5">团队协作</td><td colspan="4"></td><td>5</td><td></td></tr>
<tr><td colspan="5">工单填写</td><td colspan="4"></td><td>5</td><td></td></tr>
<tr><td colspan="5">教师评语</td><td colspan="5"></td></tr>
</table>

任务二十五　DS6-K5B 型计算机联锁系统故障处理（二）

1. DS6-K5B 型计算机联锁系统故障处理（二）作业表如表 3-51 所示。

表 3-51　DS6-K5B 型计算机联锁系统故障处理（二）作业表

姓名		班级		学号		组别	
故障发生地点		故障发生时间			故障处理用时		
控制台故障现象：D0308 道岔岔心红闪							
作业内容	过程记录						
故障登记							
故障分析、判断							
故障处理							
销记							
结论							
建议处理意见							

2. DS6-K5B 型计算机联锁系统故障处理（二）评价表如表 3-52 所示。

表 3-52　DS6-K5B 型计算机联锁系统故障处理（二）评价表

<table>
<tr><td rowspan="3">基本信息</td><td>姓名</td><td colspan="2"></td><td>学号</td><td colspan="2"></td><td>班级</td><td></td><td>组别</td><td></td></tr>
<tr><td>角色</td><td colspan="5">主修人员□　辅修人员□　驻站联络员□　现场防护员□</td><td colspan="4"></td></tr>
<tr><td>规定时间</td><td colspan="2"></td><td>完成时间</td><td colspan="2"></td><td>考核日期</td><td></td><td>总评成绩</td><td></td></tr>
<tr><td rowspan="11">考核内容</td><td rowspan="2">序号</td><td colspan="4" rowspan="2">步骤</td><td colspan="4">完成情况</td><td rowspan="2">标准分</td><td rowspan="2">评分</td></tr>
<tr><td colspan="2">完成</td><td colspan="2">未完成</td></tr>
<tr><td>1</td><td colspan="4">作业前准备（计算机联锁图册等）：
材料
工具、仪表
安全防护
登记联系</td><td colspan="2"></td><td colspan="2"></td><td>5</td><td></td></tr>
<tr><td>2</td><td colspan="4">单操道岔　　正确单操道岔到定位或反位</td><td colspan="2"></td><td colspan="2"></td><td>5</td><td></td></tr>
<tr><td>3</td><td colspan="4">控制台故障现象分析　　根据故障现象，结合道岔控制电路、计算机联锁系统工作原理，分析故障的原因可能有哪些</td><td colspan="2"></td><td colspan="2"></td><td>10</td><td></td></tr>
<tr><td>4</td><td colspan="4">继电器室观察继电器动作　　准确观察继电器状态，缩小故障范围</td><td colspan="2"></td><td colspan="2"></td><td>5</td><td></td></tr>
<tr><td>5</td><td colspan="4">查看电务维修机数据　　根据电务维修机上采集信息或控制命令状态，缩小故障范围</td><td colspan="2"></td><td colspan="2"></td><td>5</td><td></td></tr>
<tr><td>6</td><td colspan="4">工具、仪表使用　　正确使用工具、仪表</td><td colspan="2"></td><td colspan="2"></td><td>5</td><td></td></tr>
<tr><td>7</td><td colspan="4">测量方法运用　　（1）正确运用借"正"找"负"或借"负"找"正"方法、快速查找方法
（2）如果是采集信息输入通道故障或控制命令输出通道故障，正确借用 IOF 电源</td><td colspan="2"></td><td colspan="2"></td><td>10</td><td></td></tr>
<tr><td>8</td><td colspan="4">室内、外测量　　正确识图，测量位置正确</td><td colspan="2"></td><td colspan="2"></td><td>20</td><td></td></tr>
<tr><td>9</td><td colspan="4">故障点查找　　找出故障点并恢复设备正常使用</td><td colspan="2"></td><td colspan="2"></td><td>10</td><td></td></tr>
<tr><td>10</td><td colspan="4">销记汇报　　销记、汇报</td><td colspan="2"></td><td colspan="2"></td><td>5</td><td></td></tr>
<tr><td colspan="2">7S 管理</td><td colspan="5">整理、整顿、清扫、清洁、素养、安全、节约</td><td colspan="2"></td><td>10</td><td></td></tr>
<tr><td colspan="7">团队协作</td><td colspan="2"></td><td>5</td><td></td></tr>
<tr><td colspan="7">工单填写</td><td colspan="2"></td><td>5</td><td></td></tr>
<tr><td colspan="9">教师评语</td><td colspan="2"></td></tr>
</table>

任务二十六　DS6-K5B 型计算机联锁系统故障处理（三）

1. DS6-K5B 型计算机联锁系统故障处理（三）作业表如表 3-53 所示。

表 3-53　DS6-K5B 型计算机联锁系统故障处理（三）作业表

姓名		班级		学号		组别	
故障发生地点		故障发生时间			故障处理用时		
控制台故障现象：G0301 轨道区段红光带								
作业内容	过程记录						
故障登记							
故障分析、判断							
故障处理							
销记							
结论							
建议处理意见							

2. DS6-K5B 型计算机联锁系统故障处理（三）评价表如表 3-54 所示。

表 3-54　DS6-K5B 型计算机联锁系统故障处理（三）评价表

<table>
<tr><td rowspan="4">基本信息</td><td>姓名</td><td colspan="2"></td><td>学号</td><td colspan="2"></td><td>班级</td><td></td><td>组别</td><td></td></tr>
<tr><td>角色</td><td colspan="5">主修人员□　辅修人员□　驻站联络员□　现场防护员□</td><td colspan="4"></td></tr>
<tr><td>规定时间</td><td colspan="2"></td><td>完成时间</td><td colspan="2"></td><td>考核日期</td><td></td><td>总评成绩</td><td></td></tr>
<tr><td rowspan="11">考核内容</td><td rowspan="2">序号</td><td colspan="3" rowspan="2">步骤</td><td colspan="2">完成情况</td><td rowspan="2" colspan="2">标准分</td><td rowspan="2" colspan="2">评分</td></tr>
<tr><td>完成</td><td>未完成</td></tr>
<tr><td>1</td><td colspan="3">作业前准备（计算机联锁图册等）：
材料
工具、仪表
安全防护
登记联系</td><td></td><td></td><td colspan="2">10</td><td colspan="2"></td></tr>
<tr><td>2</td><td colspan="3">控制台故障现象分析</td><td colspan="2">根据故障现象，结合 50Hz 微电子相敏轨道电路、计算机联锁系统工作原理，分析故障的原因可能有哪些</td><td colspan="2">10</td><td colspan="2"></td></tr>
<tr><td>3</td><td colspan="3">继电器室观察继电器动作</td><td colspan="2">准确观察继电器状态，缩小故障范围</td><td colspan="2">5</td><td colspan="2"></td></tr>
<tr><td>4</td><td colspan="3">查看电务维修机数据</td><td colspan="2">根据电务维修机上采集信息或控制命令状态，缩小故障范围</td><td colspan="2">5</td><td colspan="2"></td></tr>
<tr><td>5</td><td colspan="3">工具、仪表使用</td><td colspan="2">正确使用工具、仪表</td><td colspan="2">5</td><td colspan="2"></td></tr>
<tr><td>6</td><td colspan="3">测量方法运用</td><td colspan="2">（1）正确运用借"正"找"负"或借"负"找"正"方法、快速查找方法
（2）如果是采集信息输入通道故障，正确借用 IOF 电源</td><td colspan="2">10</td><td colspan="2"></td></tr>
<tr><td>7</td><td colspan="3">室内、外测量</td><td colspan="2">正确识图，测量位置正确</td><td colspan="2">20</td><td colspan="2"></td></tr>
<tr><td>8</td><td colspan="3">故障点查找</td><td colspan="2">找出故障点并恢复设备正常使用</td><td colspan="2">10</td><td colspan="2"></td></tr>
<tr><td>9</td><td colspan="3">销记汇报</td><td colspan="2">销记、汇报</td><td colspan="2">5</td><td colspan="2"></td></tr>
<tr><td colspan="2">7S 管理</td><td colspan="5">整理、整顿、清扫、清洁、素养、安全、节约</td><td colspan="2">10</td><td colspan="2"></td></tr>
<tr><td colspan="7">团队协作</td><td colspan="2">5</td><td colspan="2"></td></tr>
<tr><td colspan="7">工单填写</td><td colspan="2">5</td><td colspan="2"></td></tr>
<tr><td colspan="11">教师评语</td></tr>
</table>

任务二十七　DS6-K5B型计算机联锁系统故障处理（四）

1. DS6-K5B型计算机联锁系统故障处理（四）作业表如表3-55所示。

表3-55　DS6-K5B型计算机联锁系统故障处理（四）作业表

姓名		班级		学号		组别	
故障发生地点		故障发生时间			故障处理用时		
控制台故障现象：办理S0309-X0305的列车进路时，白光带出现，但S0309进站信号复示器点红灯							
作业内容	过程记录						
故障登记							
故障分析、判断							
故障处理							
销记							
结论							
建议处理意见							

2. DS6-K5B 型计算机联锁系统故障处理（四）评价表如表 3-56 所示。

表 3-56　DS6-K5B 型计算机联锁系统故障处理（四）评价表

<table>
<tr><td rowspan="3">基本信息</td><td>姓名</td><td colspan="2"></td><td>学号</td><td colspan="2"></td><td>班级</td><td></td><td>组别</td><td></td></tr>
<tr><td>角色</td><td colspan="5">主修人员□　辅修人员□　驻站联络员□　现场防护员□</td><td></td><td></td><td></td></tr>
<tr><td>规定时间</td><td colspan="2"></td><td>完成时间</td><td colspan="2"></td><td>考核日期</td><td></td><td>总评成绩</td><td></td></tr>
<tr><td rowspan="12">考核内容</td><td colspan="2" rowspan="2">序号</td><td colspan="3" rowspan="2">步骤</td><td colspan="3">完成情况</td><td rowspan="2">标准分</td><td rowspan="2">评分</td></tr>
<tr><td colspan="2">完成</td><td>未完成</td></tr>
<tr><td colspan="2">1</td><td colspan="3">作业前准备（计算机联锁图册等）：
材料
工具、仪表
安全防护
登记联系</td><td colspan="3"></td><td>5</td><td></td></tr>
<tr><td colspan="2">2</td><td colspan="3">办理进路</td><td colspan="3">正确办理 S0309-X0305 的列车进路</td><td>5</td><td></td></tr>
<tr><td colspan="2">3</td><td colspan="3">控制台故障现象分析</td><td colspan="3">根据故障现象，结合信号机点灯电路、计算机联锁系统工作原理，分析故障的原因可能有哪些</td><td>10</td><td></td></tr>
<tr><td colspan="2">4</td><td colspan="3">继电器室观察继电器动作</td><td colspan="3">准确观察继电器状态，缩小故障范围</td><td>5</td><td></td></tr>
<tr><td colspan="2">5</td><td colspan="3">查看电务维修机数据</td><td colspan="3">根据电务维修机上采集信息或控制命令状态，缩小故障范围</td><td>5</td><td></td></tr>
<tr><td colspan="2">6</td><td colspan="3">工具、仪表使用</td><td colspan="3">正确使用工具、仪表</td><td>5</td><td></td></tr>
<tr><td colspan="2">7</td><td colspan="3">测量方法运用</td><td colspan="3">（1）正确运用借"正"找"负"或借"负"找"正"方法、快速查找方法
（2）如果是采集信息输入通道故障或控制命令输出通道故障，正确借用 IOF 电源</td><td>10</td><td></td></tr>
<tr><td colspan="2">8</td><td colspan="3">室内、外测量</td><td colspan="3">正确识图，测量位置正确</td><td>20</td><td></td></tr>
<tr><td colspan="2">9</td><td colspan="3">故障点查找</td><td colspan="3">找出故障点并恢复设备正常使用</td><td>10</td><td></td></tr>
<tr><td colspan="2">10</td><td colspan="3">销记汇报</td><td colspan="3">销记、汇报</td><td>5</td><td></td></tr>
<tr><td colspan="2">7S 管理</td><td colspan="3">整理、整顿、清扫、清洁、素养、安全、节约</td><td colspan="4"></td><td>10</td><td></td></tr>
<tr><td colspan="6">团队协作</td><td colspan="3"></td><td>5</td><td></td></tr>
<tr><td colspan="6">工单填写</td><td colspan="3"></td><td>5</td><td></td></tr>
<tr><td colspan="9">教师评语</td><td colspan="2"></td></tr>
</table>

任务二十八　DS6-K5B 型计算机联锁系统故障处理（五）

1. DS6-K5B 型计算机联锁系统故障处理（五）作业表如表 3-57 所示。

表 3-57　DS6-K5B 型计算机联锁系统故障处理（五）作业表

姓名		班级		学号		组别	
故障发生地点		故障发生时间			故障处理用时		
控制台故障现象：D0308 道岔定位有表示，定位向反位操不动							
作业内容	过程记录						
故障登记							
故障分析、判断							
故障处理							
销记							
结论							
建议处理意见							

2. DS6-K5B 型计算机联锁系统故障处理（五）评价表如表 3-58 所示。

表 3-58　DS6-K5B 型计算机联锁系统故障处理（五）评价表

<table>
<tr><td rowspan="3">基本信息</td><td>姓名</td><td colspan="2"></td><td>学号</td><td></td><td>班级</td><td></td><td>组别</td><td></td></tr>
<tr><td>角色</td><td colspan="6">主修人员□　辅修人员□　驻站联络员□　现场防护员□</td><td></td><td></td></tr>
<tr><td>规定时间</td><td colspan="2"></td><td>完成时间</td><td></td><td>考核日期</td><td></td><td>总评成绩</td><td></td></tr>
<tr><td rowspan="11">考核内容</td><td rowspan="2">序号</td><td colspan="2" rowspan="2">步骤</td><td colspan="3">完成情况</td><td colspan="2" rowspan="2">标准分</td><td rowspan="2">评分</td></tr>
<tr><td colspan="2">完成</td><td>未完成</td></tr>
<tr><td>1</td><td colspan="2">作业前准备（计算机联锁图册等）
材料
工具、仪表
安全防护
登记联系</td><td colspan="3"></td><td colspan="2">5</td><td></td></tr>
<tr><td>2</td><td colspan="2">单操道岔</td><td colspan="3">正确单操道岔到定位或反位</td><td colspan="2">5</td><td></td></tr>
<tr><td>3</td><td colspan="2">控制台故障现象分析</td><td colspan="3">根据故障现象，结合道岔控制电路、计算机联锁系统工作原理，分析故障的原因可能有哪些</td><td colspan="2">10</td><td></td></tr>
<tr><td>4</td><td colspan="2">继电器室观察继电器动作</td><td colspan="3">准确观察继电器状态，缩小故障范围</td><td colspan="2">5</td><td></td></tr>
<tr><td>5</td><td colspan="2">查看电务维修机数据</td><td colspan="3">根据电务维修机上采集信息或控制命令状态，缩小故障范围</td><td colspan="2">5</td><td></td></tr>
<tr><td>6</td><td colspan="2">工具、仪表使用</td><td colspan="3">正确使用工具、仪表</td><td colspan="2">5</td><td></td></tr>
<tr><td>7</td><td colspan="2">测量方法运用</td><td colspan="3">（1）正确运用借"正"找"负"或借"负"找"正"方法、快速查找方法
（2）如果是采集信息输入通道故障或控制命令输出通道故障，正确借用 IOF 电源</td><td colspan="2">10</td><td></td></tr>
<tr><td>8</td><td colspan="2">室内、外测量</td><td colspan="3">正确识图，测量位置正确</td><td colspan="2">20</td><td></td></tr>
<tr><td>9</td><td colspan="2">故障点查找</td><td colspan="3">找出故障点并恢复设备正常使用</td><td colspan="2">10</td><td></td></tr>
<tr><td>10</td><td colspan="2">销记汇报</td><td colspan="3">销记、汇报</td><td colspan="2">5</td><td></td></tr>
<tr><td>7S 管理</td><td colspan="3">整理、整顿、清扫、清洁、素养、安全、节约</td><td colspan="3"></td><td colspan="2">10</td><td></td></tr>
<tr><td colspan="4">团队协作</td><td colspan="3"></td><td colspan="2">5</td><td></td></tr>
<tr><td colspan="4">工单填写</td><td colspan="3"></td><td colspan="2">5</td><td></td></tr>
<tr><td colspan="4">教师评语</td><td colspan="5"></td></tr>
</table>

任务二十九　DS6-K5B 型计算机联锁系统故障处理（六）

2. DS6-K5B 型计算机联锁系统故障处理（六）作业表如表 3-59 所示。

表 3-59　DS6-K5B 型计算机联锁系统故障处理（六）作业表

姓名		班级		学号		组别	
故障发生地点		故障发生时间			故障处理用时		
控制台故障现象：D0303 道岔岔心红闪							
作业内容	过程记录						
故障登记							
故障分析、判断							
故障处理							
销记							
结论							
建议处理意见							

2. DS6-K5B 型计算机联锁系统故障处理（六）评价表如表 3-60 所示。

表 3-60　DS6-K5B 型计算机联锁系统故障处理（六）评价表

<table>
<tr><td rowspan="3">基本信息</td><td>姓名</td><td></td><td>学号</td><td colspan="2"></td><td>班级</td><td></td><td>组别</td><td></td></tr>
<tr><td>角色</td><td colspan="5">主修人员□　辅修人员□　驻站联络员□　现场防护员□</td><td colspan="3"></td></tr>
<tr><td>规定时间</td><td></td><td>完成时间</td><td colspan="2"></td><td>考核日期</td><td></td><td>总评成绩</td><td></td></tr>
<tr><td rowspan="11">考核内容</td><td rowspan="2">序号</td><td colspan="3" rowspan="2">步骤</td><td colspan="2">完成情况</td><td rowspan="2" colspan="2">标准分</td><td rowspan="2">评分</td></tr>
<tr><td>完成</td><td>未完成</td></tr>
<tr><td>1</td><td colspan="3">作业前准备（计算机联锁图册等）：
材料
工具、仪表
安全防护
登记联系</td><td></td><td></td><td colspan="2">5</td><td></td></tr>
<tr><td>2</td><td colspan="3">单操道岔　　正确单操道岔到定位或反位</td><td></td><td></td><td colspan="2">5</td><td></td></tr>
<tr><td>3</td><td>控制台故障现象分析</td><td colspan="2">根据故障现象，结合道岔控制电路、计算机联锁系统工作原理，分析故障的原因可能有哪些</td><td></td><td></td><td colspan="2">10</td><td></td></tr>
<tr><td>4</td><td>继电器室观察继电器动作</td><td colspan="2">准确观察继电器状态，缩小故障范围</td><td></td><td></td><td colspan="2">5</td><td></td></tr>
<tr><td>5</td><td>查看电务维修机数据</td><td colspan="2">根据电务维修机上采集信息或控制命令状态，缩小故障范围</td><td></td><td></td><td colspan="2">5</td><td></td></tr>
<tr><td>6</td><td>工具、仪表使用</td><td colspan="2">正确使用工具、仪表</td><td></td><td></td><td colspan="2">5</td><td></td></tr>
<tr><td>7</td><td>测量方法运用</td><td colspan="2">（1）正确运用借"正"找"负"或借"负"找"正"方法、快速查找方法；
（2）如果是采集信息输入通道故障或控制命令输出通道故障，正确借用 IOF 电源</td><td></td><td></td><td colspan="2">10</td><td></td></tr>
<tr><td>8</td><td>室内、外测量</td><td colspan="2">正确识图，测量位置正确</td><td></td><td></td><td colspan="2">20</td><td></td></tr>
<tr><td>9</td><td>故障点查找</td><td colspan="2">找出故障点并恢复设备正常使用</td><td></td><td></td><td colspan="2">10</td><td></td></tr>
<tr><td>10</td><td>销记汇报</td><td colspan="2">销记、汇报</td><td></td><td></td><td colspan="2">5</td><td></td></tr>
<tr><td>7S 管理</td><td colspan="4">整理、整顿、清扫、清洁、素养、安全、节约</td><td colspan="2"></td><td colspan="2">10</td><td></td></tr>
<tr><td colspan="5">团队协作</td><td colspan="2"></td><td colspan="2">5</td><td></td></tr>
<tr><td colspan="5">工单填写</td><td colspan="2"></td><td colspan="2">5</td><td></td></tr>
<tr><td colspan="9">教师评语</td></tr>
</table>

理论测试

1. 填空题

(1) UPS 开机时长按两个 UPS "ON" 开关____s 左右。

(2) 在工作站下达"上电解锁"命令后，需经过____次确认后方可完全解锁。

(3) 引导进路办理成功后，所办理进路出现____光带，且引导信号机___、___灯同时点亮。

(4) 对占用的计轴区段进行预复位，可在_____或_____上进行操作。

(5) 在进行 DS6-K5B 型计算机联锁系统道岔采集电路测试时，DBJ 或 FBJ 前接点电位参考值是_____。

(6) 在进行 DS6-K5B 型计算机联锁系统道岔驱动电路测试时，DCJ 或 FCJ 的控制命令必须在_____时才能送出。

(7) 列车按_____模式运行时，DDJ 吸起。

(8) 在进行 ZD6 型道岔集中检修作业时，应首先断开_____。

(9) 在进行 ZD6 型道岔集中检修作业时，箱盒内部_____无过热现象。

(10) 在进行 ZD6 型道岔动作电流测试时，万用表应选用_____挡。

(11) 关于 S700K 型道岔集中检修作业，在检查密贴、顶铁、爬行、掉板时，应注意检查有无_____和顶铁顶住情况。

(12) S700K 型道岔 2mm 试验应_____。

(13) ZYJ7 型道岔转辙机油标卡尺应位于_____。

(14) ZYJ7 型道岔第一牵引点缺口_____mm，第二牵引点缺口_____mm。

(15) 在进行道岔锁闭试验时，插入 2mm 测试片道岔应_____、插入 4mm 测试片道岔应_____。

(16) 50Hz 微电子相敏轨道电路轨面电压一般为交流_____。

(17) 轨道占用时，该计轴区段计轴点工作电压为直流_____。

(18) 信号机任何部分不得侵入_____。

(19) 在进行透镜式色灯信号机主副灯丝转换试验时，有_____。

(20) 透镜式色灯信号机点灯单元一次侧电压参考值为_____。

(21) 在进行 DS6-K5B 型计算机联锁机逻辑检查时，F486 板 D7 灭且 D2 灭，意味着联锁机工作状态_____且两系_____。

(22) 继电器室检查应做到防____、防____、防____、防____。

(23) 处理完道岔故障后，需要单操一个来回，其目的是_____。

(24) 在观察 LXJ 的状态时尤其要注意，一定是在_____的过程中进行观察的。

(25) 在处理道岔定位有表示、定位向反位操不动的故障时，可以通过_____来查看驱动 FCJ 吸起的控制命令是否送出。

2. 选择题

（1）DS6-K5B 型计算机联采集信息输入通道最终将信息送给（　　）。
　　A．F486-4CPU 板　　B．继电器　　　　C．控制台的显示器
（2）DS6-K5B 型计算机联控制命令输出通道最终将信息送给（　　）。
　　A．F486-4CPU 板　　B．继电器　　　　C．控制台的显示器
（3）DS6-K5B 型计算机联锁系统开、关机操作顺序是（　　）的。
　　A．相同　　　　　　B．相反　　　　　C．不确定
（4）中心 ATS 界面上的"中控"标识在中控模式下显示（　　），在站控模式下显示（　　）。
　　A．绿色　　　　　　B．红色　　　　　C．黄色
（5）对道岔进行单锁操作后，道岔号的颜色变成（　　）。
　　A．黄色　　　　　　B．红色　　　　　C．绿色
（6）进行计轴复零操作的正确顺序是先（　　），后（　　）。
　　A．区段预复位　　　　　　　　　　　B．模拟行车过程
（7）在进行 DS6-K5B 型计算机联锁系统道岔驱动电路测试时，DCJ 或 FCJ 的 1、4 线圈电压参考值是（　　）。
　　A．交流 12V　　　　　　　　　　　　B．交流 24V
　　C．直流 12V　　　　　　　　　　　　D．直流 24V
（8）在进行 DS6-K5B 型计算机联锁系统信号机采集电路测试时，应先测试（　　）。
　　A．继电器中接点　　　　　　　　　　B．继电器前接点
　　C．组合侧面　　　　　　　　　　　　D．接口架
（9）在进行 DS6-K5B 型计算机联锁系统信号机驱动电路测试时，可以将 4 个受计算机联锁系统输出的控制命令驱动的继电器分成（　　）组。
　　A．1　　　　　　B．2　　　　　　C．3　　　　　　D．4
（10）ZD6 型道岔转辙机有（　　）个定子。
　　A．1　　　　　　B．2　　　　　　C．3　　　　　　D．4
（11）ZYJ7 型道岔转辙机溢流压力不大于（　　）Mpa。
　　A．10.5　　　　　B．11.5　　　　　C．12.5　　　　　D．14.5
（12）以下（　　）不是 ZDJ9 型道岔集中检修的项目。
　　A．转辙机内、外部检查　　　　　　　B．箱内、外部检查
　　C．外锁闭装置检查　　　　　　　　　D．安装装置检查
（13）以下（　　）不是 ZDJ9 型道岔电气特性测试项目。
　　A．道岔动作电压测试　　　　　　　　B．变压器两侧电压测试
　　C．定、反表示电路特性测试　　　　　D．继电器接点绝缘检查
（14）ZD6 型道岔定位表示线是（　　）。
　　A．X1、X3　　　B．X2、X3　　　C．X1、X4　　　D．X2、X4
（15）ZD6 型道岔反位启动线是（　　）。
　　A．X1、X3　　　B．X2、X3　　　C．X1、X4　　　D．X2、X4

（16）50Hz 微电子相敏轨道电路电气特性测试中，受电端变压器二次侧电压（　　）一次侧电压。

　　　A．高于　　　　　　　　　　B．低于

（17）50Hz 微电子相敏轨道电路受电端相位角正常范围应（　　）。

　　　A．大于 30°　　B．小于 30°　　C．小于 15°

（18）以下（　　）参数位于计轴磁头（车轮传感器）安装高度正常范围之内。

　　　A．40mm　　　B．45mm　　　C．50mm

（19）轨道空闲时，该计轴区段轨道继电器电压应为（　　）。

　　　A．22V 左右　　B．0V　　　　C．10V 左右

（20）LED 色灯信号机发光盘 LED 损坏率不超过（　　）。

　　　A．30%　　　　B．40%　　　　C．50%

（21）DS6-K5B 计算机联锁电源设备故障时，其电源功能指示灯应显示（　　）。

　　　A．红色　　　　B．黄色　　　　C．灭灯

（22）在继电器室设备集中检修过程中，对于超过使用期限的继电器和熔断器，正确的做法是（　　）。

　　　A．继续使用直至故障　　　　B．整修后继续使用

　　　C．及时更换新设备

（23）在没有办理任何进路的情况下，正线信号机复示器闪红灯。经检查发现 DJ 继电器吸起，那么判断故障点可能在（　　）。

　　　A．正线信号机红灯点灯电路　　B．采集信息输入通道

（24）在没有办理任何进路的情况下，某道岔失去表示。经检查发现该道岔 DBJ 落下，那么故障点可能在（　　）。

　　　A．道岔控制电路　　　　　　B．采集信息输入通道

（25）某轨道电路区段红光带，经检查发现 GJ 吸起且 GJS1 和 GJS2 指示灯均正常点亮，那么故障点可能在（　　）。

　　　A．轨道电路　　　　　　　　B．GJS1 或 GJS2 自身
　　　C．采集信息输入通道

（26）ZDJ9 型道岔反位表示线是（　　）。

　　　A．X1、X2、X4　　　　　　B．X1、X3、X4
　　　C．X1、X3、X5　　　　　　D．X1、X2、X5

（27）ZDJ9 型道岔定位启动线是（　　）。

　　　A．X1、X2、X4　　　　　　B．X1、X3、X4
　　　C．X1、X3、X5　　　　　　D．X1、X2、X5

反侵权盗版声明

电子工业出版社依法对本作品享有专有出版权。任何未经权利人书面许可，复制、销售或通过信息网络传播本作品的行为；歪曲、篡改、剽窃本作品的行为，均违反《中华人民共和国著作权法》，其行为人应承担相应的民事责任和行政责任，构成犯罪的，将被依法追究刑事责任。

为了维护市场秩序，保护权利人的合法权益，我社将依法查处和打击侵权盗版的单位和个人。欢迎社会各界人士积极举报侵权盗版行为，本社将奖励举报有功人员，并保证举报人的信息不被泄露。

举报电话：（010）88254396；（010）88258888

传　　真：（010）88254397

E-mail： dbqq@phei.com.cn

通信地址：北京市万寿路 173 信箱

　　　　　电子工业出版社总编办公室

邮　　编：100036